师范生培养的理论与实践

董晶晶 ◎ 著

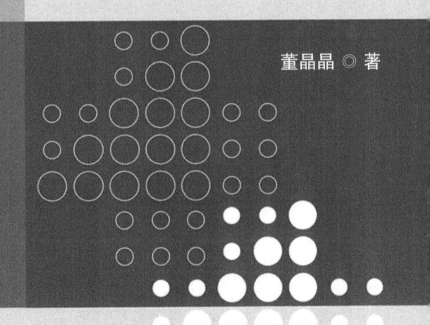

哈尔滨出版社
HARBIN PUBLISHING HOUSE

图书在版编目（CIP）数据

师范生培养的理论与实践 / 董晶晶著. -- 哈尔滨：
哈尔滨出版社，2025.1
ISBN 978-7-5484-7802-7

Ⅰ. ①师… Ⅱ. ①董… Ⅲ. ①师范教育-师资培养-
研究 Ⅳ. ①G655.1

中国国家版本馆 CIP 数据核字（2024）第 070442 号

书　　名：**师范生培养的理论与实践**
SHIFANSHENG PEIYANG DE LILUN YU SHIJIAN

作　　者：董晶晶　著
责任编辑：王嘉欣

出版发行：哈尔滨出版社（Harbin Publishing House）
社　　址：哈尔滨市香坊区泰山路 82-9 号　邮编：150090
经　　销：全国新华书店
印　　刷：北京虎彩文化传播有限公司
网　　址：www.hrbcbs.com
E – mail：hrbcbs@ yeah. net
编辑版权热线：（0451）87900271　87900272
销售热线：（0451）87900202　87900203

开　　本：787mm×1092mm　1/16　印张：9.5　字数：150 千字
版　　次：2025 年 1 月第 1 版
印　　次：2025 年 1 月第 1 次印刷
书　　号：ISBN 978-7-5484-7802-7
定　　价：58.00 元

凡购本社图书发现印装错误，请与本社印制部联系调换。

服务热线：（0451）87900279

前　言

教育具有社会性,教育是社会一定发展的产物,反过来,它又是社会一定发展的基础。

在新时代,党和国家高度重视教育。"教育是国之大计、党之大计。"办好人民满意的教育既是党和国家的发展诉求,也是广大人民群众的深切期盼。师范教育是教育的重要组成部分。师范教育的主要任务和使命在于为基础教育发展培养合格师资。作为承载师范教育任务和使命的教育机构,师范院校的办学受到诸多因素的影响和制约。这些因素既包括校外的社会因素,比如政治、经济、文化和科技等,也包括校内的多种因素,如教师、学生、设备、场地等。因此,办好师范教育并不是一件容易的事情。

师范毕业生是师范院校办学的重要"产品"。这些毕业生既是师范院校人才培养过程的结果,又是基础教育持续发展的重要保障。从基础教育持续发展的角度看。它需要师范院校持续不断地为基础教育输送合格师资,保障基础教育师资队伍的稳定性、发展性和可持续性。从师范院校人才培养过程的角度看,师范生的培养是一项复杂的系统工程,涉及方方面面的因素,比如人才培养目标与定位、师资队伍的数量与结构、课程与教学、合作与实践、教学质量保障体系的构建与实施等。质量是高校人才培养的生命线。培养高质量的人才是高校的根本使命。对于师范院校来说,培养基础教育发展所需要的合格师资是其不可推卸的重要职责。然而,不同区域的不同师范院校,由于其服务对象以及师范院校的功能定位不同,在师范生的培养上形成了各不相同的特色和优势。

在师范生的培养方面,学校除了重视学生学科素养的提升之外,还非常关注和重视其教育素养,特别是教学技能的训练和考核。围绕师范生教学技能的训练和考核,无论是学校层面还是教师个体层面,都进行着持续不断的理论思考和实践探索,形成了丰硕的理论成果和实践成果。这本书就是从这些丰硕成果中选编而成的。

本书一共分为六个章节,主要以师范生的培养的理论和实践为研究基点,通过本书的介绍,读者对当代师范生的培育可以更加清晰地了解,进一步摸清当前高等院校对师范生的培养理论和实践探索,弥补不足,发扬优点,更好地开创未来。师范生教学技能训练与考核,既是一个重大的理论问题,也是一个颇为棘手的实践课题。无论是对师范生教学技能训练与考核的理论思考,还是对师范生教学技能训练与考核的实践探索,都还有诸多问题在等待着我们去研究。为更好地推进师范生的培养与实践工作而不断努力!

目　　录

第一章　师范生培养概述

第一节　世界及我国师范教育的发展历程

一、世界师范教育的发展历程与趋势简述

(一)世界师范教育的发展历程

自从人类社会及其教育活动发展以来,就逐渐开始有了教师行业。由于师范学校教学组织和专业管理制度的产生和健全,加上师范学校课程事业发展的日益扩大,已经有二三百年的历史了。世界上师范教育的发展,经历了三个时期:由初级师范课程演变到中级师范课程,继而演变到高等师范课程。同时,逐步形成从初等到高等、从扩大总量到提升培养质量、从简单封闭到多重开放的趋势。同时,各国师范教育发展过程中,对于教师的培训形式大概分成三种类型,分别是:体验式模仿、单一封闭式以及多元开放式。

关于世界上第一所师范学校的出现,有一种说法是 1681 年,法国拉萨尔神父在兰斯创办了第一所师范学校,这是一所世界性的师范学校。"开学"的理论可能各不相同,但不可否认的是,这所学校是世界师范学校发展史上的第一所学校。随着时代的不断进步,社会的发展对于教师的需求也逐渐增加,世界各国的现代教师教育系统开始逐渐制度化、标准化。

在 18 世纪中后期,随着蒸汽机的出现并被广泛应用,标志着人类已经进入工业化的时代,全面普及初级义务教育就逐渐成为实现工业化的重要措施。它被西方资本主义国家采纳,从此,师范教育得到了迅速发展。19 世纪中后期,电子技术的出现和应用,开创了人类电气化时代的先河。增加初等义务教育的年限、大力促进中等教育以及职业技术教育的发展,是电气化时代发展的

基础。这导致了教师教育的一个重要转折点。高等师范教育也应运而生,和中级师范教育齐头并进,分别培训了中小学师资,也相应地形成了师资培训的课程体系。由于普及初中在义务教育阶段的基本完成,对师范的教育水平也有了更高的要求。目前初中师范类教育已逐步走向高等师范教育阶段,并终将被普通高等师范教育代替。20世纪中后期,原子能以及电子计算机的出现,标志着人类信息化时代就此开始。同时,对人们的知识与智力要求尤为重要。世界发达国家延长了中等义务教育年限,全面普及中等教育,全面推广高等教育。各国根据技术发展的特征,全面改善师范教育的内容,建立健全新型的师范教育体系。

上面所阐述的师范教育系统发展的特征,表明师范教育从初级到高级、从封闭到开放的发展趋势,社会经济的发展、政治体系、人口以及科学技术等相关因素都会对师范教育的发展趋势造成一定的影响,同时,重点强调了在发展自身师范教育的同时,还要使社会发展与教育发展时刻保持一致。

(二)世界师范教育体系结构重心的转移

从师范教育体系的产生与发展过程上来讲,各国在师范教育的发展方面,都形成了高等师范学校、师范类专科以及中等师范学校。中等师范学校曾经是师范教师发展的重点,并且有着重要意义,但是,随着时代的不断发展,中等师范学校逐渐被更高层次的师范学校取代,并逐渐表现出衰亡的局面。这就造成了师范教育体系结构的工作重点发生了变化,逐渐变成以高等教育为主的师范教育体系。

1852年,美国开始创立高等师范教育,但是,这种师范教育体系缺少独立性,通常情况下,是由高校教育院来负责对师资力量进行培训。这些年来,不少州级政府对师范生的要求越来越严格,要求必须接受过四年的大学教育,然后再接受一至两年的实践训练,即"4+1"模式。

日本在1873年成立了第一所师范类的学校,从1949年开始,全面实施新型的教师培训机制,并且,在国立大学(或系部)开设了教师培训的相关课程,同时,还允许普通大学同样承担教师培训的业务,换句话来说,就是通过高校等多种渠道对教师进行培训。这就造成了教师培训学校取消了教师培训的做法。

1986年秋,法国政府表示,所有师范类的学校都不再接收高中毕业生,无论毕业会考是否合格,主要面向普通高校中第一阶段的毕业生进行招收,普通高校所培养的初等教育者的入学水平标准也相应提高,逐渐变成了高中毕业之后又接受了两年高等教育的学生。

20世纪60年代之后,墨西哥也逐渐开始成立中等师范学校、专门师范学校以及高等师范学校,逐渐完善师范教育体系,因此,墨西哥早已取消了中等师范学校。

师范教育体系在某种形式上呈独立下降的趋势,这也是全世界的发展趋势,因为,在国外,普通高等教育包括师资教育,所以,国外师范生在毕业后的就业方面不会被制约,与其他专业的学生相比,也有自主就业的权利。随着师范教育结构重心的变化,中等师范学生逐渐衰弱,这是时代发展、经济提高、社会发展一定要经历的。这一观点在工业化国家的发展中得到了证实,同样,发展中国家也会经历这一过程。

各国教师教育发展的重点已从数量扩张转向质量提升,教师教育的独立性逐渐减弱,教师教育职能部分转移到了原有的教师教育体系以外。因此,打破了原本单一、封闭的教师培训体系,向着多元性、综合性、灵活性的方向发展。工业化国家的师范教育逐渐从独立、有针对性、封闭向依赖、无针对性、开放转变。

二、我国师范教育的发展历程与趋势概述

(一)我国师范教育的兴起

1896年,也就是光绪二十二年,我国最早设立师范学院的学校是上海南洋公学,另外,北京师范大学是我国最早建立的一所高等师范学校,其前身,则是1902年创办的京师大学堂所设的师范馆,从废除科举制、兴办学堂开始,把师范教育作为一类教育来办。1905年清朝政府下旨,从1906年开始,所有的会试、乡试全部停止,每个省份开始推行新学。于是,从那时起,我国的师范教育开始逐渐崛起。

(二)我国师范教育结构重心已逐步上移

长期以来,我国的师范教育体系是封闭的、具有针对性的。教师主要由教师培训机构培养,学生服从国家分配,严格按照师范教育的相关标准进行,可以根据实际情况,适当调整计划。但是,目前在我国市场经济的影响之下,结合相关的法律,制定了完整的教师培训机构的规模与结构,并且,初步制定了以现有教师培训机构为主体,迫切需要其他高等教育机构共同参与发展和培训,反映终身教育理念的开放式教师教育体系。

我国教育部在《面向21世纪教育振兴行动计划》中明确强调,到2010年,小学教师全面实现专业化,初中教育将全面实现本科教育,部分高中教师应当接受过研究生教育。新一轮《行动计划》进一步明确了要全面促进师范教育的创新工作,全面建设灵活性的师范教育体系,改善教育模式,逐渐将师范教育纳入高等教育体系中,构建以高水平师范大学为基础,职业、本科、研究生三个层次协同发展的现代师范教育体系。职前教育与职后教育互相交流,学历教育与非学历教育共同发展,推进教师专业的发展以及教师终身学习的现代化教育体系。

《中共中央关于全面深化改革若干重大问题的决定》(简称《决定》,下同)强调,深化教育领域综合改革,全面贯彻党的教育方针,坚持立德树人,加强社会主义核心价值体系教育,完善中华优秀传统文化教育,形成爱学习、爱劳动、爱祖国的有效形式和长效机制,增强学生社会责任感、创新精神、实践能力,强化体育课和课外锻炼,促进青少年身心健康、强健体魄,改进美育教学,提高学生审美和人文素养。《决定》指出,加快现代职业教育体系建设,深化产教融合、校企合作,培养高素质劳动者和技能型人才,创新高校人才培养机制,促进高校办出特色、争创一流,推进学前教育、特殊教育、继续教育改革发展,试行普通高校、高职院校、成人高校之间学分转换,拓宽终身学习通道。

所有这些都表明,在未来一个时期,中国将形成一个开放的教师教育体系,独立的师范教育机构以及其他类型的教育机构将以多方式、多种类的形式参与到中小学教育中,以实现教师教育的转型。在教师教育转型中起决定性作用的有两个因素,首先,教师之间应当保证供需关系。教师队伍由原本的数量扩张型转变成质量提升型,同时,这也是完整师范教育转型的重要措施。其次,则是教师的专业性,这是教师教育转型的价值取向。

师范教育的学校结构的组成部分有:中师、师专、师范学院(大学)三个层次,在今后的一段时间中,师范教育基本上已经适应了我国师资队伍建设的需求。中国幅员辽阔、经济发展不平衡、地区差异大、教育条件差异大,是造成这种局面的根本原因。然而,当前一些发达国家以及我国周边的部分国家,都重点强调幼儿园、小学内的教师都必须具备学士学位证书,中学教师应当具备硕士学位,中等和高等师范学校已经不复存在。当然,中国幼儿园、小学、中学和高中的专职教师的合格率都有不同程度的提高。然而,即使合格率非常地接近,甚至是达到了100%,与其他国家相比,我国教师教育的起点仍然相对较低。许多教师素质的测量和评价结果表明,中小学教师的受教育程度越高,其素质水平就越高。两者正相关。

在我国,教师教育的发展呈现出渐进的趋势。幼儿园及小学教师先是要求达到专科学历,然后逐渐提升到本科学历;初中教师要求本科学历,而中学骨干教师则需要具备研究生学历,经过一系列改革,师范教育将逐渐从三级过渡为二级,再进一步发展为一级。未来的教师教育将主要在师范学院和综合性大学的教师教育学院进行。这种教师教育学历层次的提高将经历一个相对较长的过程,从经济发达地区向经济相对滞后的地区迁移,由沿海地区向内陆地区,由大城市向中小城市,再向农村推进。在大城市及沿海、开放地区,以及教育基础优良、经济文化发达的地方,师范教育已经完成了三级结构向二级结构的转变,并逐渐向一级结构转变。人们的关注已经从教师队伍的数量需求转向质量要求的提高。自1999年开始,北京市已停止中级师范生的招生,并设立了初等教育学院,要求小学教师的师资人口标准从大学专科逐步提高到大学本科水平。上海的中级师范学校和师范专科学校早已进入调整和消失阶段,现在由师范大学负责培养小学本科和专科学历的教师,以及中学本科和研究生学历的教师。

我国的师范教育在转型过程中面临着一些挑战。首先,教师岗位的需求增长开始趋缓,供需渠道不够顺畅,具体来说,小学教师供过于求,初中教师供需不平衡,高中教师需求旺盛,而幼儿教师的供应渠道存在问题。其次,师范类毕业生就业制度改革后,从包分配变为自主选择,导致毕业生素质下降。教师资格制度的实施为教师来源提供了更多不同的途径,导致师范院校的毕业生在就业方面面临着巨大的竞争压力。尽管如此,仍然要继续办好一批高等师范专科学校,以满足义务教育和幼儿教育对师资的需求,这是义不容辞的责任。

(三)培养与培训一体化

我国于 2001 年开始采用教师教育一词来替代长期以来一直使用的师范教育概念。2002 年,我国明确提出在终身教育指导下,根据教师专业发展的各个阶段,将教师的职前培养和在职培训统一起来,以此建立起开放的教师教育体系,涵盖各类高等学校,以目前的师范院校为核心,积极鼓励其他高等学府积极投身其中。

(四)变"终结性师范教育"为"终身性师范教育",实现培养与培训的一体化

传统师范教育在体制和内容上存在一种终结性的特征,体现在教师职业专业化方面教育系统被忽视。然而,随着学习化社会的兴起和终身教育理念的普及,终结性的师范教育的不适应逐渐暴露出来。

从体制上看,传统的师范教育是一种终结性的教育,它更大程度上是一种职前预备教育,与职后教育没有实质性的联系,这对教师的职业成长是极其不利的,从教育内容上看,传统的师范教育脱离理论研究的实际、脱离中小学教育的实际、脱离中小学生发展的实际需求,从而严重阻碍着教师队伍的成长。

因此,终结性的师范教育,是将教师培养局限在职前阶段,局限于学历教育,对教师职后培训和职业发展重视不够。

终身性(或发展性)的师范教育,是整合职前与职后教育于一体,是以教师的职业发展为目标,以一种动态的理念重新构建师范教育。终身性(或发展性)的师范教育对传统师范教育的最大突破,在于对它的终结性培养模式的"终结",这是新的历史时期师范教育发展的新趋势,也是教师专业化世界潮流的要求和必然表现。

终身性(或发展性)的师范教育是针对终结性师范教育提出来的,它包括教师的职前培养与职后培训,用发展的模式代替终结性的模式,突出教师成长的连续性、阶段性和发展性,在原有的定向型师范教育体制中渗透教师专业发展的理念,其核心是重视教师的实践需求,并通过这种需求沟通职前教育与职后发展,整合学历教育与非学历教育。变终结性的师范教育为终身性或发展性的师范教育,必须以基础教育的理论与实践研究为依托,谋求基础教育的发展,是师范教育的出发点和最高目标。将教师培训局限于某一阶段,还是将它贯穿教师职业发展的整个过程之中,是能否更好地实现这一目标的决定性因素,沟通教师的职前教育与职后培训,是改革终结性师范教育的核心,立足于基础教育的研究又是实现这一核心的关键。

师范教育的一大问题是教师职前培养与在职培训分离,如果师范院校负责培养新教师,教育学院和教师进修学校负责在职教师的培训,这使职前培养与在职培训相互脱节、条块分割,以致两者的学习内容难免相互重复或失去衔接,很难有效地配合,不仅人、财、物和时间上有浪费,也往往会形成培养上的缺口,不利于教师队伍质量上的提高。加强在职教师培训与职前教育的衔接、交叉和结合,迫切需要实现教师职前培养与在职培训的一体化。

所谓一体化教师教育,就是为了适应学习化社会的需要,以终身教育思想为指导,根据教师专业发展的理论,对教师职前、入职和在职教育进行全程的规划设计,把基础教育师资的培养和在职教师的培训渠道打通、融合,建立起教师教育各个阶段相互衔接、各有侧重的教师教育体系,为此,需要实现:

(1)培养目标的一体化,按职前、上岗、职后制订出各自的阶段目标,并使其互相衔接,互相补充,为实现培养一支品德高尚、业务精湛、学识广博、身心健康、结构合理的教师队伍的总目标服务。

(2)课程实施的一体化,一是课程设置一体化;二是人格塑造、能力培养一体化;三是理论课程与实践课程一体化,应增加教育实习课时,并将之贯穿职前教育的全过程,与理论交错进行,使师范生在理论学习—应用—理论反省—实践总结的过程中积累一定的经验,培养相应的教育教学能力。

(3)培养过程的一体化,教师培养过程一体化,就是将新手教师—合格教师—优秀教师—专家教师视为一个持续发展的过程,沟通职前师范教育、入职资格教育和在职发展教育三个阶段之间的联系,使前一阶段为后一阶段的前提和基础,后一阶段为前一阶段的发展和继续。

(4)师资队伍的一体化,一是,进行教师队伍整编和优化组合,建立职前培养和在职培训既能相互融通、充分合作,又有所侧重的高水平、高素质师资队伍;二是,优化教师的复合型知识结构,使知识横向加宽,纵向加厚;三是,教师素质要体现现代教育特征,要求教师具有适应时代的教学创新、知识创新能力,实现由传统素质向现代素质的转变,以适应新的教育时代需求;四是,建立教师动态管理机制,实现真正意义上的教师聘任制,通过教师的纵横向流动,激活教师队伍管理,以达到新的管理平衡。

第二节 师范生培养课程模块化的理论研究与实践探索

一、高校师范类专业建设的内涵与外延

师范类专业人才的培养质量对国家和社会甚至个人的发展十分重要,因此,师范类专业的建设和发展受到广泛重视。在关于理论研究和实践探索中,需要注重两个层面的内容,即内涵发展和外在保障。在内涵发展方面,应该特别关注师范类专业的特殊性。首先,需要破除长时间的学科专业与教育专业之间的分裂现象,为此,可以借鉴国外以学科为基础、以课程为关联的教师教育项目组织方式,实现师范类专业的综合发展。应该优化课程结构,加大通识课程的比重,丰富教育类课程,并规范教育实践类课程的设置和优化。此外,还应注重与中小学的合作创新,培养具备创新能力的人才。其次,为了解决师范类专业理论与实践联系紧密度不高的问题,需要重点培养和配置教学与科研实力兼备的双师型教师,进而师资结构得以优化,时代性以及针对性需在课程内容中加强。在外在保障层面,强调政府应承担提供支持和保障的责任,包括政策和制度等方面的支持。为了彰显师范院校的主导地位,需要制定具体而切实的政策措施来实现这一目标。除此之外,师范院校要提升师范类专业的核心地位,师范院校需要构建政府、大学和中小学之间的多方协同合作模式,以完善和优化实践教学等方面。政府在实施实践教学和培养引进双师型

教师方面应承担更多责任,并提供有力的支持和保障。

不论是从内涵发展角度还是从外在保障的层面来看,各项探索都直接或间接地指向了师范类专业中教师队伍的建设和发展。为了切实推进这些探索的有效实施,需要采取多种举措,并充分依托教师群体的力量。在进行教师教育改革时,发现教师对于改革的认同度较低,这主要是教育体制的限制以及教师个体自身的原因造成的。这种情况给教师教育者带来了自我认同的困扰,课程权力被过度泛化和虚化,工作动力和创新能力亦不足。为了解决高校师范类专业的发展和人才培养质量提升的问题,需要关注教师、课程和教学这三个核心要素。在教学课程的实施中,教师起着至关重要的作用,因此必须高度重视教师参与并发挥其作用。在我国的师范类专业认证背景下,已经制定了一系列独特的师范类专业认证实施办法,旨在将学校作为培养师资的机构与教师劳动力市场有效连接起来。这一制度从根本上解决了师范类专业认证与教师资格证之间的关联问题。这样的机制能够促成市场需求、学校办学、专业认证、教师资格证书和就业市场之间的良性循环。为了满足专业认证的要求,师范类专业的建设必须具备系统观念和特色意识,并能够迅速响应基础教育改革与发展的需求。这样,各高校就能形成具有自身特色的师范类专业育人文化和培养模式。

在师范类专业建设过程中,激发和保持教师教育者的积极性、主动性和创造性至关重要。虽然已有一些研究和探索对此进行了一定的关注,但尚未对这一特定背景下的体制和机制进行系统的思考。因此,在对高校师范类专业的认证实施动因进行分析和了解师范类专业现实困境的基础上,着眼于为师范类专业教师充分发挥潜能创造广阔的发展空间,从体制与机制的角度出发,在专业、学科、课程和教学等多个层面上思考师范类专业的建设思路,以推动师范类专业课程与教学的改善,加强实践环节,并促进教研之间的无缝衔接,更进一步推动师范类专业的发展。

二、实施高校师范类专业认证的动因

作为高等教育体系的核心组成部分,师范类专业的发展旨在培养优秀的教师队伍,这既是高等教育发展的重要体现,也是教师教育自身的发展需求,同时也与基础教育对师资需求不断变化密切相关。我国实施高校师范类专业认证的决策驱动因素多元化。这些措施旨与教师教育、基础教育和高等教育的新发展更好地适应。

（一）顺应教师教育专业认证的国际潮流

随着高等教育的扩展，确立高质量的质量保证体系已经成为非常迫切的任务。教育认证作为外部质量保障的一个重要手段，备受关注于教师教育开放化进程中。20世纪初，首次提出了教育认证制度的是芝加哥大学考试委员会。而在20世纪50年代，美国率先采纳并持续改进教师教育认证，不断强化这一制度。在我国，教师教育认证早在工程教育领域就已经开始，并后来逐渐推广到其他领域。作为高等教育评估的重要组成部分，教师教育认证在各个领域都发挥着重要作用。在教师教育领域，我国的师范类专业认证与教师教育开放化息息相关，旨在为教育开放化提供有力的外部质量保障。值得一提的是，发达国家在教师教育开放化进展过程中都获得相似的经验。研究显示，发达国家对于教师认证有三种，分别是专业认证、课程认证和机构认证。相比于我国的师范类专业认证，自1954年起在美国推行的教师教育认证采用了教师教育项目认证的方式。自1984年开始，英国对教师教育课程认证，之后转变为机构认证，并在2010年后逐步发展为专业认证。随着教师教育日益向大学化和开放化方向发展，许多国家选择专业认证来确保教师教育认证。因此，我国也紧随国际教师教育认证潮流，选择师范类专业认证。

（二）回应基础教育对高素质教师的迫切需求

在当前全球化的背景下，教育扮演着越来越重要的角色，并且被视为提升国家竞争力的关键因素。毋庸置疑的是，教育的兴旺是国家富强的基石。根据2018年初国家出台的《教师教育振兴行动计划（2018—2022年）》的意见，明确提出了深化新时代教师队伍建设改革的任务。为了提升教育质量，推动教育强国建设和教育现代化发展，培养高素质教师队伍成为关键所在，对于教师教育的质量提升，予以了前所未有的重视。现代化的教师教育是实现人民满意教育和教育现代化的基础。我国正面临着新一轮基础教育改革的挑战，为了满足培养中小学生核心素养的需求,我国教育师资水平和教师培养质量有待提高。进入 21 世纪后,教师教育逐渐开放,导致师范类专业中的师范特色减弱,教师教育质量保障制度也显示出不够完善的问题。因此,建立和完善教师教育质量保障体系显得十分重要。教育发展进入新阶段后,对于提供高素质良师的需求越来越重要。为了满足这一需求,我国决定实施师范类专业的认证制度,以作为教师教育质量的有效保障。

(三)提升教师教育质量的重要举措

师范类专业认证是建设国家教师教育问责制度的基本前提,是保障外部质量的有效手段,是推进教师教育专业资历的有效措施。专业认证获得作为师范专业各项利益的调节中心,可以有效平衡培养教师过程中的各种利益。在教育管理方面,国家通过专业认证的手段来满足管理需求,做好教师职前的培养与准备工作,确保国家基础教育发展的需求得到满足。利用专业认证这把利刃,高等学校的管理者们将能够全方位掌握学校师范类专业的实力、竞争力等质量资料,从而有针对性地开展行动,进一步提高教育质量。这不仅可以加强现实对师范类专业的管控,而且能够为学校的专业调整提出关键方案。由此可见,参与专业认证是对其承办学院所设立的师范类专业质量管理的关键方针。

我国师范类专业认证有着巧妙的机制,这对于我国教师教育的发展起到了良好的质量保证效果。我国师范专业认证是通过层次分明的三级认证机制来实现的,从第一级到第三级分别对应:"监测""合格"和"卓越",必须一级一级认证,不得逾越。另外,专业认证结果与教师资格证考试的组织存在密切联系。完成不同级别认证的学校在教师资格证考试组织时拥有不同的权力,认证等级越高,权力越大。通过第一级认证后并没有笔试或面试的自主权力,而通过第二级专业认证就可以自行组织面试工作,只有通过第三级的认证,才有同时拥有自由组织笔试和面试的权力。级别认证有着 6 年的有效期限。我国通过高校师范类专业认证、获得师范生教师资格证与高校师范专业办学这三者之间存在着密切关联。高校必须全力提高师范类办学质量,不断完善办学条件,才能取得高级别的认证,稳定保持"卓越"级别认证。所以,师范类专业级别认证不断保持和提高的过程就是高校教育教学手段持续进步与人才培养质量不断提高的过程,专业认证提升必将成为提高高校师资力量的重要手段。

三、当前我国高校师范类专业面临的现实困境

在改革当代教师教育和专业认证的道路中,我国师范类专业将得到新的进步机会,但也会面临诸多挑战。挑战的来源多种多样:一方面,教师资格证全国统考制度(以下简称"国考")的师范教育应试化带来的师范类专业价值迷茫;另一方面,在"唯科研"话语的影响下,师范类专业的"师范性"在教师教学开放化与大学化的冲击下逐渐弱化;最后是我国高校传统课程和专业的设立与师范类专业"双专业性"之间存在一定矛盾。综上所述,目前国家高校师范类专业所面对的困难是以小见大、从细节到整体、从周边到核心、由内而外的多种复杂交错的因素混合导致的。

(一)"国考"制度下师范类专业的价值迷茫

长久以来,我国基本师资教育的培养主要由师范学院完成,职业教师资格的认定,一般取决于师范生是否能获得相应的学历。通过学历来取得教师资格证这一模式,面对教师队伍的不断建设以及发展,这种模式逐渐出现弊端,大大阻碍了教育的发展。"国考"常态化在 2015 年时在我国全面实行,目的是通过这一政策来建设更为专业的师资力量并将教师入职门槛提高,让教师的素质以及教学质量迈进新的阶段。能够切实推进教育实践规范与教师专业情谊的发展,促进师范生经历师范类专业学习后"会教",这是师范类专业内在价值追求的突出表现。但是由于师范类专业的内在价值缺乏追求,"师范性"被弱化等许多复杂因素,目前"国考"制度的初衷未能实现,存在教育专业性缺乏体现、教育课程教学应试化、师范类专业存在价值遭到质疑等诸多问题。

首先"国考"在推进形成师范生教育实践智慧与专业情谊、理论与实践相结合等方面缺乏重视,导致师范类专业存在的价值遭到质疑。未经教育方面专业学习的非师范生,只要符合报考要求就可以通过"国考"获取教师资格证,所以对非师范生来说,"国考"具备"只考不育"的特性,并且准教师的核心素质主要体现在专业情意和专业能力方面而非专业知识。专业能力与专业情感

只有通过实际教育教学,经历真实情境才能够得到切实体验,因此,对于准教师的评测应以实际情境中的真实教育教学经历为重点。对于"国考"来说,专业性知识以及模拟性成为它主要的依靠,有效的评价方式却并未体现出来,因此,即便是已经通过"国考"的教师,在面对实际教学时表现得仍旧不够理想,更多的是纸上谈兵。即便是非师范生,通过反复练习考试以及死记硬背也能够顺利通过"国考",这样他们和师范生专业的人都有资格入职。招纳有能力的人才来从事教育行业原本是"国考"的初衷,但是种种现象表明,距离这一目标还相差甚远,还会使师范生和社会各界对师范类专业的价值和意义不断产生怀疑。

其次,应试化训练的"国考"过高通过率体现出教育专业性不足,严重威胁师范类专业的地位。师范类专业认证制度实施之前,职前教育质量检测员很有可能被"国考"代替。对开设师范类专业高校的社会声誉有着直接影响,这种趋势甚至成为专业学院资源分配的重要因素。学生只注重考试的结果,只要学习内容本身还是目的,就不会对实际工作造成影响。这种只为了通过考试而学习的心态和思维方式是非师范生在实际教育教学中发挥不出应有作用的原因之一。由于"国考"对考试以外的学习过程不够关注,致使社会上出现的各种以教师资格证考试的应试培训机构得到很多人的青睐,对师范类专业的权威产生了严重威胁,逐渐造成了目前职前教师教育应试化的倾向。由于应试教育的影响,许多高校专业化教师教育逐渐转变为考试辅导,师范类专业存在的价值和意义受到严重质疑,教师教育的合理性、有效性和价值性受到严峻挑战。

(二)开放化进程中师范类专业的"师范性"弱化

为了改善应试型教育的诸多不利因素,一部分发达国家对师资教育的体制从 20 世纪 40 年代开始便逐渐向着开放型转变,综合性的高校逐渐承担起教师教育的职能。全球教师教育体制由封闭开始向开放过渡。20 世纪 90 年代,伴随教师教育开放化的发展进程,我国提出"教育教学大学化"的发展方针,教育教学的发展呈现出综合化、大学化的趋势。随着教师教育不断地趋于开放化,高校传统"学术观"对科学研究的强化和许多不成熟的学科教育,在传统"学术观"的引导下,将发表科研成果作为评价学者教育能力的主要依据和将学术等同于研究的狭隘学术内在理解,学术性渐强而师范性渐弱,科研变为大学特别是研究型大学的主要目标已成为人们的共识。面对将学术研究作为主要目标以及首要任务的背景,高校逐渐将教育资源转向具有重大贡献的学科和专业上,比如"科研 GDP"等等,师范类专业在学科中的地位不断地降低,这样便会造成教育类学科学术成果匮乏的局面,因此在开放化教师教育过程中,师范类专业在高校内部发展和资源竞争中难以占据有利地位。"教什么"以及"怎么教"是师范类专业学生必须具备的学科专业知识以及教育实践智慧,除此之外,师范生的专业情感的形成也需要积极建立起来。要想更好地体现出"师范性",将教育专业性水平提高是行之有效的手段。但是,随着教师教育的不断开放化,教师教育所蕴含的特殊性却并未得到有效关注,"研究学术"逐渐在师范类专业中呈现出来,高校对师范类专业的重视程度不断加深,"研究学术"的关注度逐渐取代"教学学术"的关注,教师对"教学学术"并未做出相应的努力。面对这种师范类不被重视的情况,教师对"学术研究"的追求愈加猛烈,这种情况不断地延续,从而造成了"师范性"越来越边缘化,从以下三个方面便可以明显看出:一是"师范特色"这一校园文化的建设力度远远不够;二是在对师范类专业教师进行评价时,教师教育者对师范生的示范不够重视,更关注学术研究;三是在建立师范类专业课程时,在内容上更注重研究性,内容较为高深,对能够解决教学中现实问题的能力不够重视,缺乏实践性。

(三)"双专业性"的融合难以实现

我国在面对职前教师培养时,基本上是以政府为主导,由高校进行备案,并由主管部门进行审批。这一模式是在进行专业设置时主要的制度。这种办学制度倾向于审批制,具备政府行政主导的特征,因此,高校的人才培养更像是流水线作业一般,而人才所具备的技能更像是遵循行业所提出的模板,学生成为专业合格的人才便是在这一生产线用"专业"这一模具浇筑而成,这种较为专业的构建范式往往会被学生称为"专业规定课程",从职业到专业再到课程这一过程是这种范式所遵循的,以教师人才规模以及需求为依托,对教师这一职业进行深入分析,以此来确定师范类专业的设置,并通过对教师所需要承担的任务、变化和发展前景的分析来明确教师所需要具备的能力以及知识,进而确定专业的结构和课程。专业和课程之间的关系犹如树干和树叶,课程作为树叶主要依附于专业这一树干,课程的出现是在专业的基础上。"专业规定课程"范式更注重于培养师范类专业学生服务社会的能力,将学生所学的专业课程和教师这一职业达成一致,从而忽视了学校的特色以及学生的个性化需求。在这一背景下,导致高校师范类专业和课程过于传统而缺乏个性,"千校一面"的情况也已经屡见不鲜。

以"专业规定课程"为依托,高校将对师范生培养的目标设定为与高等学校以及教育单位和机构一致的水平。同时,高等学校也将这一专业划分为更符合社会分工的学业门类。对于教育资源来说,专业是其主要承载者,组成这一专业至少需要三大类实体,其中包括由此专业学生或者是班级所组成的教研室以及所需的实习场地、图书资料以及实验室和经费等,这些所涉及的东西代表着这一组织的利益。同时这一专业也标志着所具备的实体性,也就是所谓的"专业实体化"。将行政与学术融为一体,便是"专业"的主要展现形式,教研室也被称为"系",是一种更趋于实体性的组织。正向设计是专业所实行的主业,专业的设置不能偏离学科的逻辑,所谓的科学逻辑,更注重于知识本身所蕴含的逻辑性以及系统性,对专业知识的边界过于重视,便会忽略知识的整合性以及应用性。

不同于其他专业,师范类更具有独特的性质,教育和学科两种专业相互融合是师范类专业所具备的主要特征。像律师以及医生一些行业,所涉及的专业能力以及知识更为独立,并且在面对不同的对象,更具备可迁移性。而教师所面对的工作对象为学习者,学习者是具有复杂特性的主体,除此之外,师生之间的互动深受课堂教学环境影响,因此,不管是教师所具备的专业能力、知识,还是所需要面对的工作对象和环境,这些不同的因素之间都存在着诸多的关联。面对不同情境所出现的具体问题,需要教师一一进行解决,知识整合性的实践逻辑便是教师解决问题的主要依托。学习情境、学生、学科内容以及教学法这四大因素需要教师不断地自我构建以及整合,这样才能够将静态的知识转化为动向的认知,进而转换成智慧,使自己在学科教学认知上更能够体现出来。师范类专业在培养教师时,大多依托于学科逻辑的设置,因此知识架构所呈现出的状态不够完整,过于碎片化,当面对现实中所出现的问题时,他们所掌握的知识在实践上运用的效果并不理想,基本上很难很好地运用。并且,由于"专业实体化"的影响,培养教师所需要的师资、经费,设施所需要的费用以及资源大多由独立的机构来承担,所涉及的利益牵扯着诸多实体性组织,比如说专业的教育学院以及专业学科教育的理工学院等,这些实体性组织都牵扯着诸多的利益,因此很难在职前教师培养所涉及的资金上达到统一。如此一来,便给师范学生学科教学认知的形成带来了影响,学科专业和教育专业的融合也受到严重的影响,这是目前迫切需要解决的困境。

四、以认证为抓手,多维联动促进高校师范类专业建设

我国师范类专业将"持续改进""产出导向"以及"学生中心"认证为最基本的三大理念,这三大理念不管是对师范类专业的发展还是建设都具有重要意义。师范类专业的建设遵从"学生中心",以坚持学生学习、发展以及效果为主要目标。以"产出导向"理念基础,利用师范生对教育工作的能否胜任来衡量工作成效最为客观,而不是通过师范生对知识掌握是否具备深刻性以及系统性来进行衡量。目前,对师范生专业的评估更注重于质量而并非建设,这一认证模式的转变让师范生专业更加注重人才培养的质量转变为自我调适模式,保持师范类专业的敏捷性,才能更好地适应教师素质要求的不断变换,从而不断创新人才培养工作的模式。课程组合的优化以及高校内部资源配置对本科专业的建设影响颇大,甚至波及质量文化以及教学文化,其特征更偏向于高校"内政"。专业在运行时所涉及的层面以及建设为出发点,教学、课程、学科以及专业是具体专业运行与建设所涉及的基本层面,不同学科所提供的课程是专业设置的主要依据,通过课程教学来达到人才培养的目的。专业运行和建设所涉及的不同层面,都需要以教师为核心中介来将其关联起来,并不断地对教学进行改进。将认证的作用最大化地发挥出来,专业认证已然成为高校的抓手,认证理念作为指导,遵从学科逻辑向实践逻辑的转变,建设具备专业设置范式、教学团队、课程以及学科群的师范类专业,通过教学学术化、课程模块化、学科实体化等一系列的因素来激发师范类专业教师对工作的动力以及创新教学的行动力,从而更好地推动师范类专业稳定、可持续发展。

（一）专业去实体化——基于"课程组合专业"范式设置师范类专业

对学生的教育按照专门的学业实施,这是学术界对专业的理解,但是在国际社会上对专业的理解却不同于学术界,他们更倾向于将专业定义为将学生按照专门的职业来实施教育,这是不同组织针对"专业"所提出的不同的理解,"课程组合专业"以及"专业课程规定"是目前高校专业建设特有的两种范式。前者在专业建设上存在着诸多不利因素。后者主要是将在逻辑上有关联的课程进行组合,从而形成课程计划或者是组织。在这一范式下,对课程进行组合从而形成专业,课程和专业关系微妙,类似于同样的积木,可以搭建出多种样式的房子,课程之间的组合可以随机变动,这样所构建的专业更具备灵活性。从社会需求出发到课程再到最后的专业,这一系列的过程便是"课程组合专业"范式对专业建设的逻辑思路,社会对人才的需求一直处于不断更新的状态,以社会需求为出发点,高校开设与之相关的课程,逐渐发展成为配套的课程群,随之设立起专业。从人才培养的视角出发,在特定的领域组织中具备知识能力结构是专业的本质,从形式上来看,专业更是不同课程的组合。从根本上来说,知识能力的组合便是专业,从形式上来说,课程的组合就是专业。因此,专业并不具备实体性,它更像是一个提供课程的单位。因此,开设课程的质量对高校师范类专业来说尤为重要,师范专业认证也应当将课程与课程之间所存在的逻辑关系作为重点。

专业在"课程组合专业"范式下所展现的是知识能力的组合,师范类专业所认证的"产出导向"理念和"专业"的定位如出一辙,"专业"在"课程组合专业"的范式下更趋向于实体化,社会需求以及个人需求存在多元化的特征,因此,在对课程进行组合时要遵从逻辑上多元化的理念,灵活的课程组合方式导致专业更为千变万化。随着社会的不断发展,师范类专业所涉及的领域也越来越广泛,比如说学前、小学、中学以及特殊教育专业等,多元化的领域给师范类专业提出了更高的要求,首先从本质上要做到不断更新以及变化;除此之外,高校在招收师范生时,在就业区域以及师资要求上都存在差异,而且自身的个性也是不容忽视的一个重要因素,多元化以及差异性是社会的需求的主要特征,因此高校在开设师范类专业时,也要设立不同的培养目标,对毕业的要求也要有自身的特点。高校师范类专业的设置需要对课程进行灵活的组合,这样学生的个性需求以及社会需求都能够得以满足。教师人才在面对社会发展的新需求以及要求时也能够从容面对,不同高校所设立的师范类专业在课程组合上要具备一定的特殊性。专业所提出的要求以及对未来的愿景要和教师达成一致,并取得他们的认同,并且教学改革以及课程建设都要以专业愿景为依据,将教师和专业融为一体,在专业的发展和教师之间打造出一种良好的文化心理氛围,打破传统的学校管理的模式,从而形成优异的"师范类专业"质量文化。

在"课程组合专业"范式下,师范专业的学生对课程有特殊要求,与知识性学科逻辑存在一定差异。师范类专业被视为采购者,在选择适合师范生的课程时必须精选各个学科的内容。师范生会根据自身的培养目标和毕业要求来选择和组合不同学科提供的课程。在高校师范类专业的教学管理中,应将聚焦点对向教师人才培养的核心环节,即"课程"。借助"课程组合专业"范式,在这种模式下,可以更好地实践"以生为本"的原则和"学生是高等教育服务的消费者"的办学理念。这种模式下,将体现"学生中心"的认知理念,并确保师范类专业的"师范性"。同时,教师资格考试的应试化趋势也将得到扭转。在课程结构的范式中,各高校对师范类专业进行了深度调整,旨在去物化。专业的目标定位、目标评价以及目标内涵这三个要素在认证标准的要求方面能够更好地实现标准化。在课程与教学领域,满足更高层次的要求需要从课程设置、课程结构以及课程内容等方面进行改进,同时也需要关注学生的发展。因此,可以通过优化课程设置和结构、调整课程内容、关注学生发展等措施来满足这一目标。

(二)学科实体化——基于"双专业性"融合强化师范类专业学科群建设

对于科学知识和社会职业的划分与分类,学科和专业作为两个单位起着重要的作用,尽管它们有着截然相反的发展趋势。学科由于研究者对知识的深入研究而不断细分和缩小研究领域;而专业则在满足社会对应用型人才需求的背景下,不断拓宽自身的领域,需要以多学科支持,日益呈综合化趋势。因此,学科和专业之间的关系正在发生变化,从初期重合逐渐分离。在高等教育环境中,必须认识到学科和专业各自的重要性。从大学的内在职能——科学研究角度来看,大学实际上是由多个学科构成的,学科承载着大学学术资源并为学术活动提供基础,它们是大学本质的体现;而从大学的外在职能——社会服务和人才培养角度来看,大学则由各个专业组成,专业的存在突显了大学在实践层面所扮演的角色。学科作为构成高校本体的重要组成部分,高校必须在学科的基础上发展其成员和活动。学科在高校扮演着资源配置的重要角色,并与实体性的基层学术组织紧密结合。学科实体化是指在进行学科的资源配置时兼顾学术科研和教学方面的需求。学科实体化和专业去实体化之间有着密切的合作关系。专业去实体化是基于学科实体化建立起来的。在课程组专业范式下,学院和系的建设逻辑从专业导向转向了学科导向。具体而言,系是一种组织形式,用于实体化学科的组织,学院是由多个学科系组成的学科群。通过学科体系内部的内在关系,学校能够在相关的系和学院之间有效地整合学科资源。

经过学科实体化的发展,形成了以系作为学科组织的实体存在,作为学科组织的实体,系在学科发展中发挥着重要的作用。在学科相近的原则指引下,相似研究领域的教师归属于同一学科,而课程设置则根据学科的相关性进行规划和承担。对于师范类专业来说,需要培养多领域的师资,因此课程提供者来自相关的学科,这就促进了专业和学科的共同发展,即教师隶属于学科,他们从学科的角度为学生提供课程;而学生所在的专业决定了他们在选择课程时需要考虑自己的学习需求,因此与教师的知识结构存在巨大的差异。为了满足这一需求,不同学科在设计和实施相关课程时,需要摒弃常规的知识逻辑,以实践逻辑为指导。为此,在学科内部应形成一种合作与竞争并存的氛围。一方面,为了获取更多资源支持和推动学科的发展,各学科需积极展示自身在学校人才培养中的优势,学科内的教师应当联合起来并建立共同体,达成对师范类专业相关方向毕业要求的一致认识。在此基础上,他们可以进行相关课程的设计和教学研讨。他们不仅在推动他们负责的课程和教学方面展现出更多的热情,还需要持续优化课程设计和教学方法。这种变化激发了教师的积极性和主动性,增强了他们的工作动力和创新能力。同时,师范学生将学科逻辑的知识结构转化为应用性和实践性,并坚持以学生为中心的认证理念,这一理念在认证标准毕业要求等维度上更容易达到更高水平的要求,体现了对知识整合的追求。

由于师范类专业在培养具体学科方向的教师时具有学科专业与教育专业的"双专业"特性,高校需要通过创新的方式来支撑师范类专业的各个学科。为此,可以建立师范类专业学科群,将各个子学科有机地组织起来,以便促进师范类专业的人才培养、研究和社会服务,建立一个实体性的学术组织以提供支持。师范类专业学科群不仅负责设计、实施、评价和研究师范类专业相关课程,还共同参与师范类专业的建设,为其发展注入新的动力。在学科实体化的背景下,师范类专业学生可以充分利用各个学科的资源,这些资源原本分散,但现在将在师范学科群中整合。为了避免师范类专业地位边缘化,并促进师范类专业的发展,与其相关的各学科将共同参与师范类专业的建设,并开设课程供师范类专业学生学习。由于培养师范生涉及多个学科的知识,为促进各院系课程的整合与协调,建立跨院系的师范类专业委员会具有极其重要的意义。作为负责组织师范类专业相关工作的主要机构,该委员会由各相关学科的核心人员组成,他们并非必须是研究方面的专家,但必须在教学学术方面具备出色的表现。师范类专业委员会是一种去实体化的协调机构,其主要职责是根据师范类专业相关工作的需求,组织成员合作解决重要事务,包括师范类专业培养方案的修订、师范类专业新方向的拓展以及师范类专业建设规划等。采用学科实体化模式构建师范类专业学科群以及设立师范类专业委员会,能够达到多重目标。首先,该措施的实施将促进师范类专业的跨学科整合,进一步增强其师范属性。其次,这一举措将激发高校对师范类专业认证的关注。

(三)课程模块化——基于能力结构建设师范类专业课程群

在过去,师范类专业课程的设计通常注重学科知识体系的逻辑,强调知识的完整性和系统性。然而,当前的认证理念强调产出导向,对于培养师范生所需的能力结构,需要与师范类专业课程之间建立明确的对应关系。也就是说,通过相应的课程来推动师范生能力的提升。因此,在设计师范类专业课程时,不能仅仅关注内容和教程本身,而是需要更多地关注培养师范生的能力。师范类专业的课程体系与师范生的能力结构之间存在一种特殊的对应关系,这种关系需要深入理解,只有通过系统学习师范类专业课程,师范生才能逐渐构建出代表他们所学成果的能力结构。为了更好地组织师范类专业的课程,可以根据相似性和差异性对其进行合理划分和组合以形成不同模块。每个模块都是相对独立的,由多门课程组成。这些课程模块的集合被组织成课程群,以实现特定目标。在同一个模块内,为师范生提供了多个相关课程选项,既满足了师范生个性化需求,也实现了模块系统化的效果。通过此方式,师范类专业的各个课程模块能够更好地满足社会的普遍需求以及师范生个体的需求,实现了以学生为中心的教育理念。在这一过程中,课程内容和结构都得到了重视和重新设计,使其具有更高的实用性和针对性,从而更好地满足师范生的学习需求和发展目标。因此,模块系列化对于提高教育质量和师范生个体发展具有重要意义。

同时,学校在"学生中心"与"产出导向"两个基本思想的影响下,以将整体的教学与培养目标、学生毕业要求等共同整合的师范生能力结构为依据,将培育师范生某一能力的各项目加以总结,从而建立了一个课程群体,将每个课程群体的培养视为共同目标,而在这一目标的指引下又必须明确具体的培养任务,也唯有如此才可以提供与师范类专业培养目标相同的专业制度。通过这些方式,学校能够迅速将师范类专业人才素质的基本培养目标,转化成师范类学科中的所有课程的基本功能的培养目标,在这些功能培养目标发生改变之时,课程群的基本功能培养目标也能够迅速进行适当的调整。但是,各门课程会对师范生能力结构产生一定的影响,这样构成一个整体、系统化的交叉关照。一方面,各种学科的知识点必须彼此整合、互相交叉,同时,各种学科间必须存在强烈的联系;但是,各门必修课的教学内容应当以师范类学科培养目标为基准,合理地进行取舍,以便体现其专业建设的完整性和规模效果。因此,根据高校教师人才培养素质结构的不同,各学校需要针对师范类学科人才培养的总体目标进行相应的调整,及时地反馈到课程中。教学内容可通过课组的建设加以总结和分析,或进行创新与完善。在社会需要与学生个人需要变化之际,师范教育学科能够灵活有效地从模块层次动态调节课程体系,做到

"持续改进"。随着教学方式逐渐系统化,"学生中心""产出导向""持续改进"三项基本理论都得到了具体的表现。

(四)教学学术化——基于教师教育者要求组建师范类专业教学团队

欧内斯特·博耶在《学术水平反思》中重点强调了,作为高校教师,主要责任有四个看似不同却相互关联功能,分别是运用的学术水准、综合的学术水准、发现的学术水准、教育的学术水准,通称为"教学学术"。他还指出,为了教育活动的可操作性,教师必须学会创造出一个求知的共同基础,同时,运用不同的教育实践活动,指引着学生与自身朝着创造性的方向发展。因此,教育是一门学术要求较高、专业性很强的事业,虽然是从已知开始,但是不会被其限制,也不会局限于此。最理想的教学不仅仅是传授知识,提高学生的学习认知,同时,还能对知识"教学学术"进行改造与完善,重点强调了教学活动要具有创造性。在很长一段时间里,国内高等教育中的评教工作和教师晋升中的"唯科研"倾向,在一定程度上忽视了教育的正常开展,尤其是对本科生的教学和训练,导致了研究生培养的教学质量一直不能达到预定标准,同时,我们的高等教育起点在大幅度降低,就高校人才培养的最重要使命而言,应增强其核心竞争力。

师范教育专业的教学有其自身的特殊性,师范生在掌握"学科知识"方面也有其特殊性。一方面,师范生需要将大学学科教学知识与中小学学科知识相结合,提高应用大学学科知识解读中小学学科的能力;另一方面,师范生应当将教学的基本理论融入实践过程和专业知识教学中,促进二者的融合。然而,目前师范教育专业的实际教学并没有体现出上述特点。学者们指出,在"专业课程"范式下,由于教师教育对某一学科的依赖性,各学科的学术逻辑、教学思维和研究传统与非教师教育专业没有什么不同。在教授"中国古代文学"课程时,教授的是课程的学术逻辑,而不是课程与教师培训之间的逻辑。然而,师范教育专业的教师不仅是像普通大学教师一样的"教育者",而且是"师范教育者"。有必要将"教育者"的角色转变为"教师教育者"。师范教育工作者不仅需要帮助和指导师范生学习如何教学,而且必须成为学校师范生学习和培养的重点对象。作为培训和教学的教师,学校教师和教育工作者也需要了解"教学"的一般知识,以及"教学"和"学习"的基本知识。他们需要具备教、学、示范的综合能力。因此,教师教育的学术性更多地体现在教学的学术性方面。在"研究性学习"和"教学型学习"之间,与普通高校教师相比,高校对高校教师教育者的"教学型"水平应该有更高的要求。此外,大学应强调,大学教师教育者"研究性学习"的主要和核心组成部分应体现在研究性教学和影响师范生教学的能力上。大学应特别关注并鼓励大学教师和教育工作者在促进研究反馈和教学中及时将最新的科学研究成果转化为教学内容。

以"产出导向"和"学生中心"的理论为基础,针对教师教育工作者的教学实践能力特点,有必要以课程理论为基础,为教师教育的各个教学组设置课程团队,以提升教师教育工作者素养,并推动教师教育学习者的专业发展。因为每个学科内部逻辑都非常独特,各个专业领域的教学要求也有自身特点。所以,我们进行教育科研工作时,不仅要利用教学思想与科研范式来探讨问题,还需要充分考虑学科以及专业教学的特征,使教学的学术成果能够清楚地体现出教学的规律,同时也突出了个体主体和专业知识传递的特点和规律。这些教学团队在相关教师教育专业人才培养计划的指导下,根据学院统一的教师教育专业管理模式,以教学共同体合作的方式,对其所承担的教师专业教学任务进行课题探索与课程研究,形成以专业领域为背景、以环节研究为纽带的教育组织,从而形成教育学术社群;又由于社群成员都具有广泛共同的领域和学科背景,从而有机会更进一步地提高教育课程和学术研究的效率与水平。为达到课程的"持续改进",课程团队人员所担任的教学方向可以按照个人和整体组织状况而不断改变,但也并非绝对稳定不变,这使团队人员在相对稳定性的基础上保证了相应的流动性。但由于主要教学面向的仍是该课程,而并非个别教师,因此,校方也可以采取一些激励举措,并对该科目所承担的课程采取"招标制度"。同一门课程不再由固定的教师教授,以在上述相应科目的教师之间创造相应的竞争。在学校奖惩计划的帮助下,教师们将继续优化教学安排,以竞争相关科目的教师。这些教师均参加重点课程建设项目,将有助于有效推动高校教师的持续成长,进一步提高了大学师范教育专业的课程设置水平和教学质量,促进了专业、课程与教师的"持续改进",有效推动了高等学校师范教育工作者与师范生的可持续成长,从而真正做到对师范教育专业教学质量全方位、多层次、全过程的控制。

第三节　师范生培养课程体系的 CSC 模块化框架

一、师范生培养实践课程体系模块化研究

2011 年、2012 年教育部相继出台了《教师教育课程标准(试行)》《教师专业标准》(以下简称《课程标准》《专业标准》)。《课程标准》明确提出,我国教师教育人才培养应树立"育人为本、实践取向、终身学习"的基本理念,重视实践课程的开设和质量。在此背景下,开展了对师范生培养实践课程体系模块化的理论研究与实践探索。

《课程标准》将我国师范生(以小学教育为例)培养的课程体系划分为理论课程和实践课程,其对理论课程的课程层次和课程模块进行了较为具体的划分,即包含"儿童发展与学习""小学教育学基础""小学学科教育与活动指导""心理健康与道德教育""职业道德与专业发展"五个领域和"儿童发展""小学生认知与学习""课程设计与评价"等若干建议模块课程。但是对于实践课程,《课程标准》却没有进一步地划分,仅仅强调要保障实习的学时和学分。在其后的相关研究中,学者们基本上沿袭了《课程标准》的构建范式——对教师教育课程体系中的理论课程体系进行划分和模块化内涵研究,而对实践课程的关注力度明显不够,这与教师教育的实践本质相悖。

马健生、张弛、孙富强(2013)对北京师范大学教育硕士研究生教育综合改革试点工作经验进行了系统总结,他们将基础教育卓越教师的素养结构归纳为基础素养、学科素养、教学素养、管理素养、研究素养和信息素养六大部分。与之相对应,教师教育课程体系可以划分为文理学科知识模块、学科知识与能力模块、教学知识与能力模块、管理与指导教学活动的知识与能力模块、研究与反思教学活动的知识与能力模块、运用信息技术的知识与能力模块六大模块。邱芳婷、燕慧(2014)在解读《专业标准》的基础上,将模块化课程体系划分为教育理论课程、教育教学能力课程和教育实践课程三个部分,但对改革后

的教育实践课程,她们的研究并未提出更进一步的模块化结构设置。余国江(2014)着重对模块化课程内涵特征进行了剖析。他认为,模块化课程具有以下特征:在能力本位课程观指导下重构的一种新课程体系;强调内容优化整合;瞄准行业发展最新动态,强调理论与实践的高度融合,具有开放性和适应性;"积木式"组合方式突出了模块课程的独立性、灵活性与选择性。袁强(2015)在回顾教育部属师范大学教师教育类课程开设结构的基础上,着重提出了教师教育"领域—模块—专题"的三级模块化课程体系结构,并按照"必修/选修""教育理论与师德/教学知识/教育技能"两个维度划分模块化课程。他认为,教育实践类课程主要可以分为教育见习、视频研修、教育实习、顶岗文教类部分选修课程模块,如综合实践活动、校本课程开发、教师专业发展实践等。罗英(2016)从影响教师教育模块课程教学有效性的五个维度(教学内容、课程设置、教学方式、教学评价、学生学习投入度)对河北师范大学师范生进行了问卷调查,结果显示:师范生对教学内容、课程设置、教学方式三个变量评价更加积极,而对教学评价、学生学习投入度两个变量评价较为一般,师范生学科类型、年级、专业等控制变量对模块化课程教学的有效性有着显著影响。在相关研究中,仅有极少数学者针对师范生培养职前课程体系进行了模块化设计,譬如冯茹(2016)认为,职前教师教育(师范生培养)应借鉴职后教师教育模块化课程体系和高中课程模块化的成功经验,构建以"基础性实践+发展性实践"为基本框架的,集基础理论、基本技能、文本研析、教学实践、案例研究、教学技巧6个主模块及其14个子模块于一体的师范生培养实践课程体系,其动态构建应体现实践智慧的课程内容、遵循学生思维和课程自身特点的螺旋式课程组织方式以及充分发挥师范生主体性的"三主三辅"(必修模块为主,选修模块为辅;学生自修为主,教师指导为辅;小组合作为主,个别训练为辅)实施模式。

二、师范生实践课程 CSC 模块体系的创新探索

2014 年 3 月 30 日印发的《教育部关于全面深化课程改革　落实立德树人根本任务的意见》中明确引入核心素养体系,提出了开展对各学段学生发展核心素养的研究;而早在 2004 年,著名学者叶澜教授即提出教师素养的"三分

法", 将教师必须培养的全部素养划分为"师德与教育理念""知识结构"和"技能结构", 此后"三分法"被其他学者演化为"师德与专业品质""专业知识"和"专业能力"。

课程体系与高等教育运作体系相类似, 高等教育运作体系虽然庞杂, 但是可以根据其相对职能和功用特征划分为核心层、支持层和特色层三个结构层面。结合我国职业教育和高中教育关于"层次—模块"模块化课程及其整合的相关经验, 研究者在实践经验的基础上认为: 教师教育实践课程体系应当借鉴相关理论和实践过程中的成功经验, 按照其相对职能和功用特征划分为核心层、支持层和特色层三个层面。

为了响应师范生培养改革和实践课程模块化发展的专业趋向, 湖北第二师范学院结合本校历史文化和办学特色, 积极开展了本科人才培养方案的修订和师范生实践课程体系改革, 不仅大幅度压缩了课内学时, 增加了课外实践的学时和学分, 而且结合信息化背景, 初步形成了富有特色的师范生培养"CSC"实践课程模块体系(以下简称"CSC"模式)。"CSC"模式将师范生培养实践课程模块体系纵向划分为"层面—模块—专题"三个层次, 横向划分为"实践知识""师德与专业品质""实践技能"三大内容。在其纵横分割中, 专题是其最基础的单位, 若干专题组成一个课程模块, 课程模块主要以纵向层向划分其体系, 有的课程模块在师生教师素养培养内容上横跨了"实践知识""师德与专业品质""实践技能"三个维度, 有些课程则跨越了两个维度。

(一)核心层模块

核心层是指对师范生培养教师素养起到最核心职能的实践课程层面。包含《课程标准》中规定的见习、实习以及教育教学中的教学实践——这些模块化课程具有提升教师教育核心素养和教学核心能力的功用特征。核心层中的典型课程模块有一线讲堂、教学观察与教学实战、班级管理与综合活动、学科教学法–学科专业教学技能训练等。

一线讲堂是师范生实践课程的重要模块。与传统的大学教师传授教师实践经验不同, 一线讲堂给师范生授课的教师均来自中小学一线, 并且该课程模块可以附加在其他专业课程教学安排之中。譬如研究者在"班级管理"专业课程的教学设置中,就安排了 1/3 学时的一线讲堂实践课程模块。在实际授课过程中,按照教学计划的进度,由面向"8+1"专业发展学校在班级管理方面具有一线经验的中小学教师与大学一、二年级的师范生共同完成(一线教师与师范生实践互动为主)该课程。这样设置该课程,使师范生的理论学习与专业实践在课程领域进行了高度统合,强化了专业课程的实践属性。

此外,研究者将见习和实习活动进行了模块化重构,分解到了教学观察与教学实战、班级管理与综合活动、学科教学法-学科专业教学技能训练三个模块化课程之中。这三个模块化课程都能够按照课程目标进行专题化细分,譬如学科教学法-学科专业教学技能训练可以按照教学学科和学年段进行子模块划分,然后可根据教学环节分解为不同专题,如导入、管理、概念、评价等。

教学观察与教学实战的课程模块是对传统见习和实习课程的部分优化、分解与重组。在传统的见习和实习课程中,需要系统学习和实践的内容非常庞杂,容易造成教学能力培养的弱化。教学观察与教学实战的课程模块的提出,正是为了强化师范生教学能力培养在专业发展学校生态中的核心地位。通过大学与中小学教师共同设计的课程模块目标、计划来保障师范生大三、大四见习和实习的主要时间(不少于 18 周)用于教案设计、学生观察、课堂观察、教学实战、教学研究与教学反思等教学专题。

班级管理与综合活动的课程模块是在专业观察子模块的基础上,着重强化师范生对中小学班级管理与综合活动开展的实践经验积累、专业管理和设计的能力。在专业发展学校系统中设置为大三开展该课程模块,其学时占原见习环节的主要部分(不少于 6 周),其间可通过班干部管理、班级日常活动、班队活动、课间活动、兴趣活动等专题进行实践教学。

学科教学法-学科专业教学技能训练课程模块和教学观察与教学实战课程模块联系紧密。从实践目标和内容来看,两者都是针对师范生教学经验的积累和教学能力的培养,但是学科教学法-学科专业教学技能训练课程模块更加纯粹、具体,就是针对某一学年段某一学科课程教学方法的实践与反思。学科教学法-学科专业教学技能训练课程模块在专业发展学校生态系统中设置为大四实习环节开展该课程模块,其学时不少于 6 周,通过大学与一线指导教师共同研制课程计划,通过划分教与学环节的专题进行实践教学。学科教学法-学科专业教学技能训练课程模块是核心层中典型的贯穿师范生教师素养培养过程中的"专业知识""师德与专业品质""专业能力"的课程模块,需要大学与一线指导教师相互配合、共同指导,以保障其实践质量。

(二)支持层模块

支持层是指对师范生培养教师素养核心层面起到支持作用的实践课程,包含教师基本素养实践课程和专项技能训练课程。支持层中的典型课程模块有心理与咨询讲座、教师素养(礼仪、交际、品德等)、信息技术与信息化课程、教学研究等。

心理与咨询讲座是师范生实践课程在入学教育后即启动的第一个模块。心理与咨询讲座实践课程模块不同于传统的讲座。这个模块的授课教师既有大学辅导员、班主任,也有高年级的学生导师,并且,该课程不以讲授知识理论为主,而是类似于第二课堂的班级活动,在大学一年级期间每个月开展一次,在班级会议和课间开展不同的专题教育,如生命教育、恋爱教育、心理调适教育、专业发展教育、大学适应性教育等。

教师素养是师范生实践课程支持层面的一个核心模块,它对于后面的核心层、特色层的诸多关于教师素养和能力的模块具有支撑、支持的重要作用。教师素养模块由学校专门的教师素养训练中心与各二级学院共同开展。其中,校级教师素养训练平台开展类似微课程的礼仪专题、交际专题、品德专题、教师基础素养(如书写、普通话、口语等)专题教学,各院系因地制宜,利用学生导师进行检验和强化。

与教师素养模块类似,信息技术与信息化课程模块在支持层面也扮演了重要角色,尤其在教育信息化背景下,信息技术在师范生培养中的价值越来越显著。这里,信息技术的实践课程主要围绕一线教师信息化教学应具备的基础素养和主要应用内容进行专项分解,由 PPT 制作、课件制作、教育统计初步、SPSS 软件初步、信息化课程(MOOC 与 SPOC 等)设计初步等专题构成,其学时主要分布在大学二、三年级。同样通过校院两级信息化实践教学平台(教学信息部、各二级学院)给予教学和展示。

教学研究模块是基于当下对于现代中小学教师素养要求而重新整合的课

程模块。现代教育理论认为,中小学教师提高教学质量的一个重要途径是开展自我学习和自我反思,这就需要在师范生阶段开设专门课程,进行教学研究素养的训练,根据课程模块实践目标和内容,可以将其划分为教学研究和行动研究两个子模块,分别设置在大二、大三阶段,由研究设计专题、质性研究专题、调查研究专题、研究写作构成,教学研究模块是支持层中典型的贯穿师范生教师素养三大结构内容的课程模块,承担着培养师范生现代教师教学研究知识、能力和科学态度等专业品质培养的综合任务,需要调动和发挥师范生自主学习以及一线导师、大学导师研究指导的积极性。

(三)特色层模块

特色层是指在师范生培养教师素养核心层面基础上开发的具有校本特色职能,具有紧扣时代需求和彰显个性的特色化功用特征的实践课程族。特色层中的典型课程模块有社会适应、素质修炼与能力认证、艺术素养、同课异构等。

社会适应课程模块针对师范生就业的社会适应能力培养。根据师范生培养与用人单位的要求动态变化。该特色模块课程可以划分为社会适应基本素养、学校适应基本素养两个子模块,分别在大三、大四开设子模块课程和专项实践活动。

素质修炼与能力认证是师范生实践课程特色层面的一个不可或缺的模块。基于教师自主成长的理念,师范生教师素养的培养除了依靠第一课堂的课程和考试之外,更需要依靠自主学习,尤其是对今后成为现代一线教师核心素养的反复修炼,在这一理念指导下,该特色模块课程主要由学生导师组织。大学导师通过制定《素质修炼指南》和《教师专业能力认证指南》,引导学生进行专题修炼。模块专题包括片段教学、书写与普通话、朗诵与演讲以及艺术素养,个性特长、专业阅读、写作技能、信息化设计等必修和选修内容。该模块课程针对大二、大三师范生,在每个学期末开展一次专业认证,通过认证的师范大学生获得专业认证证书和相应的二类或创新学分。

和素质修炼与能力认证模块课程类似,艺术素养模块课程主要针对艺术学科师范生培养或师范生个性化发展,对师范生个体艺术素养的基础有一定要求。因此,该模块课程的开设主要结合师范生和学校师资的实际情况,划分为体育、音乐、美术、艺术欣赏等子模块,每个子模块又根据各科教学和师资具体安排分解为大二、大三艺术素养实践课程的若干专题。

同课异构教学是师范生实践课程在大三各科教学法理论课程学习后启动的配套实践模块。同课异构课程模块属于教师专业发展学校的活动生态,从大三第五学期一直持续到大四第七学期。同课异构同时也是核心层的一线讲堂实践课程的逆向拓展,变一线教师来大学授课为师范大学生下到一线学校,与一线新教师讲授同一节新课。通过备课、授课各个环节的比较和学习,该模块课程强化师范生的教学核心技能。这一特色实践课程在实施过程受到了各校的热烈欢迎,实现了锻炼师范生和一线新教师的互利合作目标。同课异构教学是特色层中典型的贯穿师范生教师素养三大结构内容的课程模块,通过教材研究专题、教案设计专题、教法学法专题、成为新教师专题,促使师范大学生提升适应教学岗位和教师职业的综合素养。

第二章　师范生自我认知与专业认知

第一节　师范生自我认知

一、兴趣认知

(一)兴趣的定义

兴趣是个体积极探索某种事物或从事某项活动,力求认识、掌握该种事物并经常参与该种活动的心理倾向,它表现为个体对某种事物或从事某项活动的选择性态度和积极的情绪反应。对有兴趣的事物,个体愿意关注,愿意了解与之有关的知识,愿意探索与之有关的未知领域。职业兴趣就是个体力求了解某种职业或进行某项职业活动的心理倾向。

(二)兴趣的产生与发展

兴趣的发展经历一定的阶段性:有趣、乐趣、志趣。有趣是兴趣发展过程的第一个阶段。人们由于对某一事物好奇而格外注意,并由此产生了兴趣。看了一部小说,听到一首歌,参观了一个展览,玩了一个游戏,尝试了某项活动,都会激起人对某种事物的兴趣。例如,偶尔看到一部电视剧,对里面塑造的教师角色很喜欢,尝试与小朋友们玩教学游戏,觉得很有趣。然而,若是没有进一步的刺激或感悟,没有对这个事物的一定的知识积累,这种与新奇有联系的兴趣往往短暂易逝。从这个角度上说,兴趣的产生与个体的涉猎范围有关。保持心态开放、多做尝试、扩大视野有利于培养或发现兴趣所在。这个阶段最大的特点是不稳定、多变,容易转移。

乐趣是兴趣发展过程的第二个阶段。对感到有趣的事物有了逐步深入的认识,产生了参与意识,兴趣趋向稳定和专一,深入而具有长久性,成为一种爱好。例如,对教学感兴趣的同学加入培训或辅导学生课业的组织。

志趣是兴趣发展过程中的第三个阶段。当乐趣同你的理想、奋斗目标结合起来时,乐趣便变成了志趣。志趣最大的特点就是具有自觉性,个体愿意把全部精力投注在与志趣相关的工作上,即使遇到障碍,志趣也会推动着个体孜孜不倦地前进以求成功。例如,对教育感兴趣的同学即使家人反对也要报考师范学校,做一名教师。

(三)兴趣对职业生涯规划的影响

职业兴趣是一种相对稳定的心理品质,它能增进个体对职业的满意度和忠诚度。子曰:"知之者不如好之者。好之者不如乐之者。"因此,兴趣在一个人的职业生涯发展中具有重要的地位,其影响主要表现在以下几个方面。

1. 兴趣是职业选择的重要依据

职业兴趣会影响人们的职业选择,是人们选择职业时重要的参考因素之一。对有兴趣的职业,人们会有积极追求、深入了解的愿望。兴趣是最好的老师,能够引领个体发挥主观能动性,积极学习相关的职业知识,勤于钻研,大胆探索,勇于创新。诺贝尔物理学奖获得者丁肇中教授说:"任何科学研究,最重要的是要看对自己所从事的工作有没有兴趣。换句话说,也就是有没有事业心,这不能有丝毫的强迫。比如搞物理实验,因为我有兴趣,我可以两天两夜,甚至三天三夜待在实验室里,守在仪器旁,我迫切地需要我所要探索的东西。"满怀兴趣去工作,就是"我要工作",而不是"要我工作"。兴趣是选择职业最重要的依据之一,因为只有兴趣才能带给人奋斗的激情和创造的智慧,带给人持之以恒的毅力和克服困难的勇气,顺着兴趣的指引,更容易攀上事业的顶峰。

2. 兴趣是职业发展的持久动力

兴趣是工作动力的主要源泉之一。一个人对职业感兴趣,就会对职业表现出肯定的态度,积极思考、探索和追求。有关资料表明,如果一个人对其工作有兴趣,就能够发挥他全部才能的80%~90%,并且能较长时间保持高效率而不感到疲劳;而对工作缺乏兴趣的人,只能发挥其全部才能的20%~30%,也容易疲劳、厌倦。职业兴趣能使人发挥主动性和创造性,在职业中取得新发现、新突破、新成果。工作环境对这些成就的积极反馈及取得的成就感本身都会进一步促进个体付出更大的努力,做出更大的成就,从而保持工作的持续动力。

3. 兴趣需要职业的培养和保护

兴趣能够通过职业生涯来培养。对于现在的青少年来说,周围世界提供了丰富的刺激和选择,很多人在 30 岁之前的职业兴趣还停留在有趣或乐趣的阶段,并未形成坚定的职业志趣。有很多人的职业志趣是在职业环境中通过职业活动激发和培养出来的。所以在没有尝试之前,并不能认为自己没有兴趣而轻易否决一个职业。比如遇到好的职业督导或通过自身努力,对所从事的职业了解增多,取得工作成就或得到同事的认可,积极反馈增多,就可能慢慢产生兴趣。这就是对工作由"相识"而逐渐"相爱"的心理发展历程,即所谓的"干一行,爱一行"。

二、能力认知

所谓能力是人们顺利实现某种活动所必须具备的特征。"必须"意味着如果不具备这种能力,相关的活动就无法进行。例如,一位教师所具有的教学能力、记忆力等,都是能力。还有其他一些特征也会影响活动的进行,如气质、性格,表现在人的活动中并对活动的完成产生一定的影响,但它们不直接决定活动的完成,因而不属于能力的范畴,它们的作用在于使个体的活动带有各自独特的色彩。能力表现在所从事的各种活动中,并在活动中得到进一步的发展。

能力是各种各样的,根据表现范围可以将其分为一般能力和特殊能力。一般能力是指在不同种类的活动中所表现出来的能力,例如思维力、想象力、观察力、抽象概括力、创造力等。特殊能力是指在某种特定的专业或职业活动中表现出来的能力,如运动能力、绘画能力、舞蹈能力、指挥能力等。

不同的职业对于能力的要求并不相同。相比其他职业,从事教育工作的教师所需的一般能力起点较高,需要具备敏锐的观察力、持久的注意力、准确的记忆力、丰富的想象力和灵活的思维能力,以及良好的人际沟通能力、实际操作能力、口头表达能力和体语表现能力。而教育能力是教师一般能力的延伸,是与教育教学活动密不可分并直接影响其活动质量与效率的多种特殊能力的有机结合,是教师从事教书育人活动所必须具备的带有职业特点的能力。教师的教育能力可分为三个基本要素:教学能力、育人能力和拓展能力。

教师的教学能力是教育能力中最主要的能力,包括基本教学能力和特定学科专业教学能力。能够有效地将需要掌握的知识通过课堂传递给学生,是体现一个教师教学能力的主要方面。育人能力则是教师普遍应具备的培养学生优良的思想品德和健康心理的综合能力,包括思想品德教育能力、生活指导能力、班队管理能力、心理健康教育与咨询能力。优秀的教师不但应该教会学生如何做事,更应该培养学生如何做人,使学生发展为一个人格完善的人。对学生进行心理健康教育正日益受到重视,学生正处于人生观、价值观及个性形成和发展的重要阶段,教师掌握一定的心理学知识,有助于及时发现、正确关注、有效处理学生成长过程中的心理问题,这是时代对教师提出的一项新要求。教师的拓展能力则使教师自己的思想、业务及人格不断趋于完善、完美,其主要包括学习能力、教育科研能力和创造能力。特别是在如今的信息时代,教师需要通过不断学习,从知识的广度和深度上调整自己的知识结构体系,做到知识储备与时俱进,这样才能使课程常上常新,度过职业发展的“高原期”。教育科研能力可以使教师在发现问题的基础上,进一步认识教育教学规律,不断提高教育教学的质量和效率,提高专业化水平。另外,教师工作本身就是一种创造性劳动,只有以创新精神对待教育教学工作,才能使教育教学工作持续发展和提高。

三、价值观认知

(一) 价值观与职业价值观

价值观是心理结构的核心因素之一,价值观是个体关于什么是值得的、有价值的一系列信念,指个体对客观事物(包括人、物、事)及对自己的行为结果的意义、作用效果和重要性的总体评价,是推动并指引一个人做出决定采取行动的原则与标准。职业价值观是个体一般价值观在职业生活中的体现,是人们依据自身的需要对待职业行为和工作结果的比较稳定的具有概括性和动力作用的一套信念系统。它不但决定了人们的择业倾向,而且决定了人们的工作态度:它是个体在长期的社会变化中所获得的关于职业经验和职业感受的结晶。

职业价值观以价值观为认识基础,与人的世界观和人生观相联系,一旦形成,就具有较强的稳定性,但职业价值观也是具有阶段性的。人在不同的阶段有不同的需要,低层次的需要满足以后,会产生更高层次的需要。职业价值观根据人的需要而产生,会因需要的不同而表现出不同。它体现了一个人真正想从工作中得到什么,它对于个体的职业选择与发展起着方向导引及动力维持的作用。

(二)职业价值观的内容

心理学家马丁·凯茨通过研究 250 种左右的职业,找出了 10 种与工作有关的价值观,认为在它们背后隐藏着我们的重要性倾向。这 10 种价值观如下:

1. 高收入

高收入特指对超出实际需要的收入的强烈预期,除生活所需以外还有很多可以自由支配的收入,可以消费奢侈品或进行投资,但也不一定必须指向某个或某些具体的用途。

2. 社会声望

个体在社会生活中具有威望,因地位和名誉等因素得到重视。

3. 独立性

在工作中具有做决定的自由,有较大自由发挥的空间。

4. 帮助别人

帮助别人即以改善他人的健康、福利、教育状况为职业的主要内容。

5. 稳定性

工作受经济形势、技术或者政策的影响较小,收入稳定,不会轻易失业。

6. 多样性

工作中需要经常面对新问题、新环境和新的人际关系。

7. 领导力

在工作中能够管理和激励他人,承担责任,影响事情的发展。

8. 兴趣

所从事的职业符合个人的兴趣特点。

9. 休闲

所从事的职业能够不影响甚至有利于个人的休闲爱好。

10. 尽早工作

尽早工作是在教育和实践关系中更热衷于后者的一种倾向。希望早日参加工作,认为积累工作经验和获得收入要比继续学习更有价值。

按照马丁·凯茨的职业价值观内容,要在一份工作中满足所有的价值观是不可能的。比如"高收入"和"休闲"就在一定程度上是冲突的。在这10种价值观类型里面根据重视程度排出优先次序,这种选择就体现了个人的职业价值观。

(三)价值观的探索方法

1. 标准化评估

舒伯的职业价值观问卷:舒伯和他的同事于1970年研发的职业价值观问卷,包含三个维度15个因子,从中可以了解人们对于工作中各项特征的重要性的排序。

上述三个维度15个因子分别是:①内在价值维度,指工作本身的一些特性,包括七个因子,分别是智力激发、利他性、创造性、独立性、美感、成就、管理;②外在价值维度,指与工作内容无关的外部因素,它包括四个因子,即工作环境、同事关系、监督关系和变动性;③外在报酬维度,指在职业活动中能获得的因素,它包含四个因子,即声望、安全性、经济报酬和生活方式。

2. 非正式评估

活动法:咨询师通过举办虚拟拍卖会或者设置虚拟的危机事件,让参与者在有限时间内对一定数量的价值种类进行选择,咨询师根据参与者的最终决定和决策过程,进一步分析讨论,确定参与者的价值观念。

第二节　师范生专业认知

一、学前教育

（一）培养目标

学前教育专业旨在培育基本理论知识储备丰富，基本技能熟练，同时还对特殊教育、运动健康教育、幼儿教育等具备一定的基础知识，坚持创新意识，拓宽专业技能和国际视野，可以在不同的保教机构占据一席之地的专业性强、素质高的优秀幼儿教师。

（二）毕业要求

1. 师德

（1）师德规范：贯彻党的教育方针，以立德树人为己任，遵守幼儿教师职业道德规范，依法执教；有扎实学识、仁爱之心，能保持平和心态，为人师表。

（2）教育情怀：认同教师工作的意义和专业性，尊重婴幼儿及其之间的差异；富有爱心、责任心，工作细心、耐心，有接纳"特需儿童"之心；做全体儿童身心健康成长的启蒙者和引路人。

2. 教学

（1）保教知识：具有一定的文化素养，掌握学前教育专业基本知识和一定的特殊教育、运动与健康教育、早期教育、融合教育及现代信息技术知识；掌握幼儿园教育教学的基本方法和策略。

（2）保教能力：能运用婴幼儿保育与教育知识，科学规划一日生活；具备观察与分析婴幼儿行为的能力，幼儿园活动设计、组织与实施的能力，特殊儿童融合教育能力，运动与健康教育能力，早期教育能力，现代信息技术运用能力，环境创设与利用能力，与家长沟通、互动的能力，教育反思与评价能力及探索与研究能力。

3. 育人

(1)班级管理:掌握幼儿园班级管理和特殊教育需要儿童融合教育班级管理的特点。合理规划和利用时间与空间,创设良好班级环境;了解婴幼儿特别是"特需儿童"社会性情感发展特点和规律,充分利用各种教育资源,为全体儿童建立良好的同伴关系和师生关系。

(2)综合育人:理解环境育人价值,了解园所文化和一日生活对婴幼儿发展的价值;综合应用幼儿园、家庭和社区各种资源,全面育人;注重培养全体儿童良好意志品质和行为习惯。

4. 发展

(1)学会反思:具有终身学习与专业发展的意识与能力。了解国内外学前教育改革发展动态,能够适应时代和教育发展的需求,进行学习和职业生涯规划,初步掌握反思方法和技能,具有一定的创新意识,运用批判性思维方法,学会分析和解决问题。

(2)沟通合作:理解学习共同体的作用,具有团队协作精神,掌握沟通合作能力,具有小组互助和合作学习的能力。

(三)主干(核心)课程

心理学基础、教育学基础、教育研究方法、婴幼儿生理基础、儿童发展、婴幼儿保育学、特殊儿童发展与学习、学前融合教育、美术基础、音乐基础、幼儿体育与健康、幼儿园课程、幼儿园(五大领域)活动设计、就业实习、毕业论文(设计)。

(四)基本学制

基本学制为四年;学习年限为三至六年教师。

(五)毕业、学位条件

第一,学生符合以下条件,准予毕业:完成规定课程学习,成绩考核合格,所获学分达到最低毕业学分要求;毕业时的体质测试成绩达到教育部颁发的《学生体质健康标准》要求。第二,学生符合以下条件,授予教育学学士学位:

达到毕业条件;在学校规定的学习年限内达到国家学士学位授予条件和学位授予规定。

二、小学教育

(一)培养目标

本专业主要是为了促进学生德智体美全方位发展,符合现代经济社会发展的需要,了解国内外教育发展真实状况,以及小学教育的实际情况,把握教育学基本教学理念与方式,养成良好的职业道德素养,形成合理的知识构造以及专业性极强的实践技能。只有探索先进的教育理念,勇于创新,才能在小学、教育科研以及管理部门涌现出大量的综合性、高素质的教学人员、科研人员和管理工作人员。

(二)毕业要求

1. 践行师德

坚持社会主义核心价值观,坚持党的领导,明确教师的基本任务就是为了立德树人;严格按照国家制定的法律法规做人做事,坚守教师的职业道德,坚持依法执教,志在成为一个有理想、有道德、有学识的优秀人民教师。对自己所坚持的事业始终保持着一份热爱,养成正确的儿童观、学生观、教师观以及道德观,坚持学生为本、师德为先、能力为重、终身学习的专业理念;养成仁爱、宽厚、细心等优秀品格,有资格为人师表,教书育人;努力成为学生磨炼意志、学习知识、拓展思维、健康成长道路上的领导者。

2. 学会教学

教师要养成健康的人文素养和科学理念。提升主教学科知识、基本教学原理和基础知识技能,掌握学科相关的知识系统的基本教学思路与方式。教师还要掌握主教科目的理论知识内容;兼教科目的知识内容;还有掌握科学整合在整个小学教育体系中的真正意义。在进行教育实践的过程中,需要按照所教授学科的授课规则,根据小学生的身心发展状况,认知情况,使用科学的手段来开展教学工作。

3. 学会育人

教师要坚持德育为先的教学理念。掌握小学德育的基本教学原理和教学方式;遵循创办班级组织的工作规律和工作方式;将德育和心理健康教育等相关的活动穿插在班主任工作、少先队或者社团活动之中。仔细观察小学生身心方面的发展变化以及行为习惯的养成,明确学科育人的真实意义,将学科教学与教育活动融合到一起;学习学校文化建设以及教育活动中所涉及的育人的意义和方式,积极开展各种教育教学活动。

4. 学会发展

具有不断提高自身专业素质和教师专业发展的意识。了解基础教育改革发展动态,适应时代和教育发展的需求;具备专业发展必备的认知能力、学习能力和创新能力等,能科学地制定个人专业发展规划并能主动付诸实践;初步掌握反思方法和技能,学会分析和解决教育教学问题。理解学习共同体的作用,具有团队协作精神,掌握沟通合作技能,具有小组互助和合作学习的体验。

(三)主干(核心)课程

儿童发展与教育心理学、小学课程与教学论、班级管理、小学综合实践活动、高等数学、汉语通论、书写技能、毕业实习、毕业论文(设计)。

(四)基本学制

学制为四年;学习年限为三至六年。

(五)毕业、学位条件

第一,学生符合以下条件,准予毕业:完成规定课程学习,成绩考核合格,所获学分达到毕业最低学分要求;毕业时的体质测试成绩达到教育部颁发的《学生体质健康标准》要求。第二,学生符合以下条件授予教育学学士学位:达到毕业条件;在学校规定的学习年限内达到国家学士学位授予条件和学位授予规定。

第三章　师范生职业道德与职业理想培育

师范生未来的职业与教师这一职业密不可分,因此对师范生在校期间职业道德与职业理想培育就是对教师这一职业的道德与理想培训。

第一节　教师职业认同

一、职业及职业认同感

通俗来讲,职业就是人们所从事的一种社会劳动,通常情况下,处于相对稳定的状态,是社会中个体地位的一种表现形式。职业的类型复杂多样,区分各种职业间的根本属性,通常从职业的活动对象和从业方式等方面分析。值得注意的是,职业具有多种特征,除了具有社会性和稳定性外,还具有目的性和群体性等特征。所谓职业认同感,就是个体对自身所从事职业的看法和态度等,还包括社会对该职业的看法和期望,所以,职业认同感就是个人在社会劳动中对职业的看法。个人与社会对职业的看法和态度是否一致,对职业的赞同和认可程度,都是职业认同感的主要表现。对于员工而言,职业认同感对其工作态度、成就感和事业心等方面具有重要作用。个体在从事某一职业时,对该职业的活动性质和内容,包括所从事职业的社会价值和职业环境等都形成普遍认可的情况下,就会产生职业认同感。职业认同感的概念在职业的不断发展和研究的不断深入过程中,逐渐向社会化、多元化的方向发展。

二、教师职业认同感

所谓教师职业认同感,就是教师在从事教师工作时,在自身和学校内外因素的影响下,对自身教师职业产生的关于认可的心理感受。这种认同感始终处于发展变化的状态,而不是固定不变的静止状态。自我认同感在自身的反思和自我评估过程中发生变化,并逐渐深入。对于教师而言,这一过程将会贯穿职业生涯全程,甚至一生都会受其影响。教师与其所教授的学科、学生结合为教师的职业认同感,更重要的是对自身的了解,而不是对其所授学科和学生的了解,理解自己是理解学科和学生的基础,如果教师无法理解自己,何谈理解学生并向其传授知识?所以,教师在理解自身时,不仅要理解工作时的教师,还要理解生活中的教师,才能对自身形成全面的理解。如果将两种状态下的教师割离,作为独立的存在,则对教师及教师职业无法形成统一的看法。可以发现,教师职业认同感具有发展动态性特征,即始终是变化着的状态,此外,还具有个人主体性和主观能动性的特征。

三、提升师范生对教师这一职业认同感的途径

(一)认识教师职业价值

教师是教育职能的主要实施者,是教育教学职责的专业人员,承担着传播文化、教书育人的重任。自古以来,人们崇尚、尊重、美誉教师,教师的教育价值、社会价值和个体价值一直被人们认同。作为教师,认同教师职业,首先要认识教师职业的教育价值、社会价值和个体价值。

1. 教师的教育价值

教师是国家教育方针的主要贯彻者,是学校教育活动的主要实施者,是教育目的的主要实现者。教师是教育者,是"教"的活动的主体,是学生学习活动的指导者,是教育活动的影响者。在培养中国特色社会主义事业接班人的伟大工程中,教师居于主导地位,因此,教师应遵循学生身心发展特点,有目的、有计划、有组织地开展教育教学活动,引导学生全面发展。

2. 教师的社会价值

教师对社会发展具有重要影响,在人类社会运行发展中发挥着桥梁和纽带作用,这是教师的社会价值所在。教师是社会文化的传承者,连接着过去、现在和未来;教师是社会物质财富和精神财富的建设者,实现着社会物质财富和精神财富的继承和创新;教师是培养社会人才的主要承担者,将人的发展需

要和发展可能性通过教育,转化为学生的素质,满足社会发展需要。

3. 教师的个体价值

教师的个体价值是指教师职业对于从业者个体自身的意义和作用,它包括生成价值、发展价值和享用价值。生成价值,是指教师作为从业者,通过专业性的劳动,能够获取足够的劳动报酬,以满足生成需要;发展价值,是指教师在投身教育事业的过程中,吸收文化精髓、汲取科学知识、潜心钻研业务、创新教育技艺,不断充实提升自己,在发展中实现自我价值;享用价值,是指教师在教育教学过程中,自身不断得到完善,在感悟中获得满满的幸福,享受精神追求的快乐。

(二)把握教师职业特点

提升教师职业认同感,要准确把握教师职业的特点。教师职业的特点是人们对教师特殊性的认识和表达,反映社会对教师职业的基本要求。

1. 形象的准公共性

教师以培养人为根本职责,承担教书育人的重任。教学过程是教师和学生相互交往的过程,教师的人生观、行为品质、生活态度会对学生产生直接或间接的影响,起到示范作用。教师不是完全的公共性人物,而是社会的代言人,其形象具有准公共性的特点。所以,自古以来,社会对教师职业形象的要求是就高不就低,这是社会对教师职业的基本要求,也是教师职业的重要特征。教师要善于塑造并维护自身的形象,提高教育的效能。

2. 劳动的复杂性

教师承担的教育任务是多方面的,面对的学生有家庭背景、个性特征、遗传素质的差异,因此,教师的劳动是复杂的。教育过程是教师面对不同学生的需求,处理教师、学生、教学内容和教学方法、手段诸要素矛盾运动的过程。要完成好这一过程,教师要在复杂的环境下,开展创造性的劳动。

3. 绩效的模糊性

教师教育教学对象的差异性,社会需求的多样性,评价标准的灵活性,学生发展影响因素的不确定性,使教师的劳动很难进行量化评定。教师要带着一颗责任心投入教育工作,以平常心看待自己的劳动成果,善待每一个学生。

4. 价值的深远性

"十年树木,百年树人。"学生的发展状态很难量化,许多方面要等到学生成人后才能得到检验。因此,教师的劳动是面向未来的,教师只有通过长期潜移默化的工作,才能有效地促进学生的成长。教师的劳动是深远的,影响着学生的未来、社会的未来、国家的未来。

(三)扮好教师职业角色

教师在履行职责时所表现出来的行为模式即教师的职业角色。由于教师工作对象的特殊性,所以教师的职业角色呈现多样化的特点。

1. 传道者

教师担当着传播社会道德、价值观念的职责,担当着弘扬社会正能量的使命。虽然社会道德观、价值观呈现多元化的特点,但教师始终是站在主流的道德观和价值观一面。教师的教育教学不能随意,要引导学生树立正确的道德观、价值观,传做人之道。

2. 授业者

教师担当着培养社会建设者的重任,培养有本事的人,是教师的职责。所以,教师要精心向学生传授知识、解释疑难、启发智慧。

3. 管理者

教师是教育教学活动的组织者、管理者,包括把握政治方向、制定目标、贯彻法律、协调关系、控制评价教育教学活动等。

4. 示范者

教师是学生的标杆,学生具有向师性的特点。教师要以身立教,为人师表,用自己的态度、言行对学生产生潜移默化的影响。

5. 研究者

教师的工作对象是活生生的、千差万别的个体,教师的教学内容和方法只有不断更新,才能满足不断变化着的学生的需要、社会的需要。所以,教师要不断学习、不断研究、不断反思、不断创新。

（四）担当教师职业责任

职业责任就是履行职业活动的义务。教师的职业责任，就是教师在教育教学活动中要履行的义务。教师是否称职，关键看能否履行职业责任。在当下，教师的职业责任就是坚定正确的政治方向，教书育人，即教师根据建设中国特色社会主义事业的需要，培养政治合格、能担当、有本领的社会主义建设者。职业责任一般通过法律和行政规章来规定。我国在不断提升教师社会经济地位的同时，从法律方面规定了教师的权利和义务。《中华人民共和国教师法》第七条规定了教师应享有的六项权利，第八条规定了教师应履行的六项义务。这些权利和义务，在教育教学活动中产生，并由教育法律法规设定，具有法律意义，始于任职，终于解聘。

（五）推进教师专业发展

教师的专业发展是指教师由非专业人员成长为专业人员的过程，即教师的专业成长或教师内在专业结构不断更新、演进和丰富的过程。教师的专业发展包括教师群体的专业发展和教师个体的专业发展。教师群体的专业发展是指教师职业不断成熟，逐步达到专业标准，并获取相应专业地位的过程。教师群体的专业发展包括教育专业知识和专业能力的系统化、教师职前职后教育的专业化、教师资格认定和管理的制度化、教师活动的团体化等。教师个体的专业发展是指教师通过系统的专业训练和不断地自我学习，成为一名专业人员的过程。包括先进的教师专业理念、系统的教师专业知识、良好的教师专业技能、健康的教师心理人格等。实现教师的专业发展就是一个从普通人到教育者的过程，从专业素养不成熟到成熟的过程。教师专业发展是一个长期的、动态的过程，途径包括职前教育、职后学习、不断反思等。为确保中小学教师队伍的高素质和专业化，教育部于 2012 年 2 月 10 日颁布了《小学教师专业标准（试行）》《中学教师专业标准（试行）》。这些标准从基本维度、领域和基本要求三个层次明确了合格的中小学教师应具备的基本专业要求，它是中小学教师培养、准入、培训、考核以及自我发展的基本依据。

提升教师职业认同感的途径很多。除了上述途径外,学校及相关机构应优化教师专业知识与技能的考核评价体系,建立发展教师评价机制,用动态的发展眼光看待现实的教师表现,调动教师的工作积极性,促进教师的自律内化。在学习培训上要推动教师主动地关注各方面的信息,提供更多机会使教师有动力去更新知识储备、砥砺德行、加强文化修养。要从教师职业认同的主观能动性特点出发,一方面,倡导积极心态,对教师进行积极心理学的相关培训,减少教师的"习得性无助";另一方面,要坚信教师自身内在力量与信念的力量。正如帕克·帕尔默在《教学勇气》中所说:"我们还有另一种选择:我们可以找回对改变工作和生活的内部力量的信念。我们成为教师是因为我们一度相信内心的思想和洞察力至少与围绕我们的外部世界一样真实,一样强大有力。现在我们必须提醒我们自己,内部世界的真实性可以给予我们影响外部客观世界的力量。"

四、师范生应了解并掌握教师职业倦怠的表现、成因、对策

职业倦怠概念是由美国心理学家费登伯格提出的。"职业倦息"是一种耗竭与疲劳状态,是个体不能确立自己的需要而紧张工作造成的。教师职业倦怠的主要表现有以下几点:

(一)精力不济,缺乏工作热情

工作上疲于应付,不求上进,得过且过,对要求完成的各种任务,能拖就拖,缺乏积极主动性;不热心集体活动,游离于集体之外,集体责任意识淡化,集体荣誉感丧失殆尽。

(二)情绪不稳,懒得搭理学生

无视学生个性差异,对学生多有抱怨,不爱与学生交流,对学生出现的问题多是指责与批评,缺乏起码的耐心与爱心,最终缺乏情感交流导致与学生关系僵化,影响正常的教育教学工作。

(三)信心不足,懒于脚踏实地

工作缺乏成就感,遇事希望速成,对工作目标的达成持怀疑态度,不愿持

之以恒;缺乏自信心,怀疑自己的工作能力与处事能力,对前途失望,至于生活的理想、事业的追求等都好像是非常遥远的事情。

(四)自以为是,满足已有成绩

从事教育工作多年的教师,特别是在一个学校工作时间较长,自认为工作取得了一些成绩,为学校发展做出了贡献,觉得可以躺在功劳簿上睡觉,厌倦教学研究,无视学校管理,一味要求福利待遇,缺乏对事业的执着追求。

教师的职业倦怠,表现形式很多,远不止以上列举。教师职业倦怠是一种病态心理,它表现在对待工作和日常生活的方方面面。教师职业倦怠的成因主要有:第一,长期从事教育教学工作,使这份极富创造性的工作渐渐演变成了一种机械的重复劳动,但工作的对象决定了并非如此,于是产生了疲倦。第二,教师的职业决定了社会对教师的高期望值,认为教师应该是一个方方面面都非常优秀的人,应具有丰富的文化知识和高尚的人格品德,要有完备的心理学知识和教育学知识,大到天文地理,小到生活琐碎,教师都应该悉数尽知。这些无疑给教师增加了很大的压力。第三,随着学校安全管理工作的加强,以及家长对子女期望值的增加,教师的社会责任实际已经扩大,导致了教师工作如履薄冰,高度疲倦,教师身心高负荷运转。第四,现行教育体制对教师的个人评价,使教师个体竞争异常激烈。从教育教学质量到教科研成果,从职称评定到评优加薪,从内部工作认可到外界评先评优,都增加了教师的心理压力。第五,国家对教育工作的重视程度,与教师个体所享受到的待遇还存在一定的落差,教师劳动的特殊性及较大的劳动强度与教师的待遇也不对等,教师心理存在不平衡。第六,随着独生子女的增多和农村留守儿童问题的凸显,现在的学生性格差异较大,且表现出一些异乎常态的言行举止,加之一些新思潮的影响和一些社会因素,当代学生对教师的尊重较之以前大打折扣,这些不仅给教育工作增加了难度,而且造成了教师自身心理的不平衡。

第二节　师范生应学习的教师职业道德规范

一、爱国守法

爱国主义是中华民族的传统美德,也是中国特色社会主义核心价值体系的一个重要方面。"守法"是保证我国现代化建设健康稳定发展的内在要求。随着我国法律制度的健全和完善,我国的法制化水平逐步提高,法治进程进一步向前发展,公民的自觉守法显得越来越重要。爱国和守法是全社会人员都应该遵守的道德规范,教师当然也不例外。不过,中小学教师的爱国守法又具有自己的特殊要求。教师要做到将爱国守法统一于教育活动中,除了自己模范爱国守法外,更重要的是教会学生在这方面能够分辨是非。近 40 年来,我国在教育法制化方面取得了巨大进展:1986 年颁布《中华人民共和国义务教育法》;1994 年 1 月开始实施《中华人民共和国教师法》;1995 年 9 月开始施行《中华人民共和国教育法》,以及一系列配套法规。其中《中华人民共和国教师法》对教师的资格、权利和义务做了详细的规定。教师应自觉遵守《中华人民共和国教师法》等法律法规,在教育教学中同党和国家的方针政策保持一致,学习和宣传建设中国特色社会主义理论,全面贯彻国家教育方针,不得出现违背党和国家方针政策的言行。教师要做到依法执教,首先必须做一个遵纪守法的公民,遵守社会秩序,恪守社会公德;其次,教师必须认真学习和领会有关教育、教师和未成年人的法律法规,把依法执教这一教师职业道德规范与其他相关法律法规联系起来,完整地理解依法执教的全部内涵。我们认为,在新时期从事教育工作,应该了解两个最基本的法律,即《中华人民共和国教师法》和《中华人民共和国未成年人保护法》。

二、爱岗敬业

通俗来讲,教师爱岗敬业就是热爱教师这一职业,并秉承敬业精神开展教育工作,将教师职业作为终身职业,投身于教育事业,毫无保留地奉献自身的理想信念、热情和才能,积极履行职责,从点滴小事做起。主要有以下几点要求:第一,教师应志存高远,树立远大理想,始终忠诚于教育事业。志存高远就是教师应积极追求自身的理想,实现个人价值,成为卓越人才,并在教师职业上取得成功。教师职业上的成功主要表现在两个方面,一方面是将学生培养成才,成就学生;另一方面是成就自己,逐步完善自身的素质修养。教师在成就学生的过程中,不断提高其教学能力,从而获得发展和提高。第二,教师应乐于奉献,积极为学生提供帮助。全国优秀教师代表座谈会中提出教师应树立高尚的精神追求,努力实现远大理想,奋不顾身地投身于教育事业,恪尽职守,积极履行工作职责,提升师德修养,为学生负责,成为被学生爱戴的教师。最重要的就是教师要甘为人梯,以"甘"为前提,也就是教师的主观意愿;以"为"为关键环节,也就是教师的行动,就是要做;以"梯"为落脚点,也就是教师所铺的路。实际上,提倡教师甘为人梯,就是使其形成"配角"意识。在教育事业中,社会个体的分工不同,需要扮演不同的角色,有人在台前露脸,就要有人在幕后做铺垫工作,有主角,就一定有配角。第三,教师应勤恳地对待教育工作,树立高度的责任意识。正如"业精于勤,荒于嬉;行成于思,毁于随"所说,一个细小的失误也会产生巨大的影响,甚至直接影响到最终结果,决定成败。教师如果出现教学失误,产生的影响范围是不可估量的,所以应高度重视教育工作,树立教育无小事的意识。教师在备课过程中,不仅要注意将教学的重难点凸显出来,还要认真对待学生。教师应充分尊重学生在教学过程中的主体地位,重视教学过程中的教学评价工作,及时批改学生的作业并给予反馈,在日常的教学过程,认真对待每一个环节,以高度的责任意识对待教育事业,做到恪尽职守。第四,教师应积极承担责任,不能敷衍塞责。教师在开展教育工作的过程中,如果出现敷衍塞责的问题,将会产生巨大的负面影响,使教育事业遭受严重打击,造成教育事业和学生发展的严重损失。教师敷衍塞责主要表现在以下两个方面:一方面表现在教学上,例如,教师忽视学生在教学过程中的主体性,在备课时,不备学生,与新课改的精神不符;不顾社会的不断发展变化,长期使用同一本教案,不根据现状进行修改。另一方面表现在育人上,忽视对学生的管理,例如,切断与学生在课间活动中的联系,将自己高高挂起,将管理学生的责任全部推向班主任和政教学生处。

三、关爱学生

教师职业道德规范的基本要求之一是关爱学生,也就是关心与爱护学生,这同时也是为人师表的基本素质之一。教师对学生的关爱有助于增强学生的自信心,教师对学生的关爱有助于增强学生的同情心,教师对学生的关爱有助于加强教师的号召力。教师怎样做到关心爱护学生?第一,要平等公平地对待学生,在当前的教育环境下,教师与学生之间的关系不再是"一日为师,终身为父",时代的发展要求建立新型平等的师生关系,教师在师生关系中首先要做到平等。在新课改的要求中反复提到教师需要以平等的态度来对待学生。一部分教师在爱护学生的做法中存在错误的想法,感觉给予学生三言两语的关心,学生就要对教师感恩戴德,立即做出成绩来报答教师。在现在以学生成绩好坏来考核教师能力的教育环境之下,有些教师的做法会出现偏颇,会在心里把学生分成不同的群体来对待。对学习成绩优异的青睐有加,学习上有困难,尽心答疑解惑,班级干部选拔任命,优先考虑,评奖评优,重点举荐;对学习成绩落后的讨厌嫌弃,学习上有疑问,潦草敷衍应付,班级干部的选拔任用,不予考虑,评优评先,不会考虑。极少部分教师心里只关心成绩优异的学生,这是不公正的,不管学生成绩优劣好坏,每一个学生都应该受到平等的关爱。所以必须以公正公平的心态关心爱护全部学生,这是作为一名人民教师必须要有的职业道德。不能戴有色眼镜来看待不同家庭出身的学生,学生来自各种各样的家庭,有的学生父母经济条件较好,有一定的社会地位,教师就对这部分学生十分重视;对家庭条件一般、父母普普通通的学生就平淡对待,其中缘由耐人寻味。极少部分这样的教师师风师德都存在问题,甚至人品都让人怀疑,公正公平地对待学生的要求也就无从谈起了。公正公平地对待每一个学生,做到有教无类,同样是对教师的基本职业道德要求。

第二,在关怀他人的同时,要以慈悲之心对待他人。教师应该在关心学生的同时,也要注重在严格的基础上给予适当的宽松和支持。教师应该将温暖与严格相结合,以此来提供全面而充分的关怀,以促进学生的身心健康发展。传统谚语说:"严格是爱,宽容是害。"可见,"严"与"爱"是相辅相成的。如果没有严格的要求,那教育的效果将不会理想。"严师出高徒"提供了一套完善的指导,具有极其重要的意义。严格的要求不仅仅是一种特殊的关怀,而且是一种更深层次的尊重和理解。在教育中,教师必须严谨地控制自己的要求,并且这些要求必须适度。教师应该根据学生的年龄和身心特征来制定适当的要求。如果教师的期望与现实相去甚远,影响了学生的发展,那么过分的期望和要求将会被视为不公平。为了真正关怀学生,应该宽容学生的错误并包容他们。学生不可避免地会犯许多不同的错误。教师应该警惕:犯错是每个人的责任。一个人的成长历程就是一段不断犯错、改正错误,最终走向成熟的漫长而又曲折的旅程。应该给予学生充分的时间来反思自身的行为,并且帮助学生发现问题的根源,而不是一味地施加严厉的批评和惩罚,应该包容他们的缺点。尽管有少数学生讨人喜爱,但大多数学生仍然存在着各种各样的不足。为了真正关心学生,必须宽容他们的缺点。

第三,以最大的热情和关怀来照顾学生。重视学生的权益,充分了解其需求,并尽快满足学生的要求才能起到最大的效果。如果在学生面临危险时不愿意伸出援助之手,那么就无法真正关心学生。保障学生的安全是每一位教师的责任,也是对他们的热情和真诚的一次检验。汶川地震中教师们勇敢地面对挑战,以自己的牺牲树立了崇高的典范,令全国人民深感敬佩。在灾难面前,所有真诚地关注学生的教师都不会放任他们而孤身一人逃离;当遭遇灾害时,那些真诚地关注着学生的教师,即使面对危险,也不会置之不理。教师应该以慈悲的态度对待每一位学生,不断提醒他们,并且教导他们,以预防为主,避免意外。为了确保学生的健康必须关注他们的情绪、身体状态,不断改进教育方式,尽可能地减轻他们的负担,确保他们的合法权利得到充分的尊重。在学校,教师是学生的朋友,会为他们提供支持和帮助,会积极地保护他们的权利,这也是对他们的关怀的表达。在社会中,中小学生享有的最重要和基础的权利之一是获得教育。根据法律,未成年人应当按照规定的时间段接受义务教育。

第四,关爱的大忌是体罚、心罚。"体罚"是以严厉的惩戒和强制手段,以及让受害者感受到强烈的痛苦,以达到改变和引导的目的。"心罚"是一种用来惩罚学生的不当语言或行为,例如讽刺、嘲笑和歧视。这两种行为完全违背了学生的人格尊严,更是对教师素养的极大侮辱,应当受到严厉的惩罚。

四、教书育人

教师的教书育人应将重点放在育人方面上,也就是通过教书实现育人,把教书作为一种手段。教书育人就是在教学活动中,教师借助教育内容,向学生传授知识,使学生形成正确的价值观,培养学生健康的人格。主要表现在以下几个方面:

第一,严格遵循教育的客观规律,大力开展素质教育,提高学生的个人素养,使学生形成良好的品行,从而促进学生的个人发展。客观规律不能违背,因此,在实际教学过程中,只有遵循教育的客观规律,才能更好地实现教育目的。随着时代的发展,教育应根据年轻一代的发展特征进行一定改变,从而更适应学生的发展。在实际的教学活动中,应根据不同年龄阶段学生的特征,改变教育方法,选择合适的教育内容。

在当代社会,开展素质教育是顺应社会和教育发展规律的必然选择。信息技术的不断进步,为人们的生活提供了便利,拓宽了学生获取知识的途径,学生通过这种方式,丰富自身的知识面,实现自我发展。学生的素质教育应得到充分落实,不能只是喊口号,应积极采取行动,实行新课程改革,深入研究校本课程,从而使学生可以学以致用。大力开展素质教育有利于提高学生的素养,不仅包括知识和能力等方面的素养,还有品行等方面的素养。对于学生的发展而言,思想品德起导向作用,可以为学生的发展指明方向,学生培养良好的行为习惯,有利于促进学生的发展。现代学生在社会信息化发展的大背景下,更容易接受新鲜事物,如果缺乏良好的思想品德,在没有良好行为习惯的约束下,极易走向错误的道路。以互联网为例,这项新科技一经出现便得到人们的普遍喜爱,很快青少年就接受了互联网,但部分学生自制力不强,尚未形成正确的是非观,辨别能力较低,因此沉迷于网络,荒废了学业,严重阻碍了个人的发展。

第二,教师在教书育人时,应因材施教,充分尊重学生的差异性,根据学生的特征,制定相应的教学方法,从而促进学生的发展。正如世界上不会出现两片相同的树叶,也不会出现两个完全相同的人,因此,教师应充分尊重个体的差异性,如果教师的教学方法和内容始终固定不变,千篇一律地对学生进行教育,则不利于对学生潜力的挖掘,在一定程度上会造成人才流失。开展教育工作不仅是为了培养社会精英,还要培养社会人才,应以全面的眼光看问题,培养符合社会发展要求的人才。朱熹曾言:"圣贤施教,各因其材,小以小成,大以大成,无弃人也。"因此,教师想要培养出优秀的人才,首先要做的就是充分认识到学生存在差异性,并尊重其差异性,在开展教学工作时,应因材施教,不能一概而论。其次,教师应将学生放到平等地位,尊重学生的个人意愿,使其个性得到充分发挥,并根据每个学生的特征,结合其实际情况,提出相应的要求和发展目标。最后,教师在各项教育活动中,应积极引导学生参与其中,从而充分挖掘每个学生的潜力。

第三,教师在教书育人时,应注重增强学生的创新能力。创新有利于实现发展和进步。只有教师始终追求真理,具有创新意识和能力,才能培养出具有创新精神的学生。因此,教师在实际的教学过程中,应积极寻求突破,寻找新的教育教学规律,开拓创新,并在教学实践中尝试新方法,从而提高教育工作水平。教师在培养学生创新精神的过程中,应重视教学环境对学生的影响,为学生营造轻松、和谐的环境,允许学生质疑,充分尊重学生的主体性,并对学生提出的新观点给予鼓励。面对学生天马行空的好奇心和兴趣时,教师要注意维护,并激发学生的求知欲。对于学生来说,兴趣是最好的老师,是推动学生发展的重要动力。具有强烈好奇心的人往往会主动去探索,而具有强烈求知欲的人,在面对问题已有的结论时,也会进行思考,并积极地探索。学生的好奇心和求知欲对创新精神的培养具有重要意义。教师应鼓励学生积极思考,跳脱固有的思维模式,根据自己的设想思考问题,当学生出现独创性行为时,应及时鼓励并给予肯定,在新事物出现时,往往不会被人接受,甚至遭到打击,因此,教师应给予充分肯定,消除学生的不安情绪。

第四,教师在教书育人的过程中,应丰富评价学生的标准,不能仅以分数对学生进行评价。教育培养出的人才想要符合社会发展的需要,应坚持正确的人才观,在教育教学活动中,使用正确的评价方式。符合社会发展需求的人才,不仅需要有优越的成绩,还需要具有良好的人际交往能力。教师在评价学生时,应从多角度进行评价,而不是仅根据单一的评价标准对学生进行评价,使用多维度的评价方法有利于促进素质教育的实施,对教育的发展起到一定的导向作用。

第三节 师范生应掌握教师职业道德评价体系

一、教师职业道德评价体系及其作用

(一)教师职业道德评价的含义

教师同从事其他职业的人一样,总是处在一定的社会关系之中,同他人、社会发生着广泛的关系和联系,这就必然产生对于教师的行为进行评价的问题。在日常生活中,人们经常把人民教师比喻为"人类灵魂的工程师""红烛""春蚕",这些都是对教师的道德评价。

教师职业道德评价是指人们依据一定社会、一定阶级的教师道德原则和规范,运用校内外舆论、教育传统习惯和教师内心信念等形式,对教师在职业活动领域中的行为所做的善恶褒贬的道德判断。它不仅包括社会团体和别人对教师的道德评价,也包括教师对自身行为所做的道德判断。所以,教师职业道德评价,按照实施评价的主体的不同,从总体上可以分为自我评价和社会评价两种基本形式。教师职业道德评价是调整教师职业活动领域的各种关系的手段,包括教师和教师之间、教师和学生之间、教师和学校领导之间、教师和学生家长之间的关系等,是规范和监督教师的职业道德行为的重要形式。

(二)教师职业道德评价的作用

教师职业道德评价不仅是教师职业道德和规范得以实现的前提和保证,而且是教师职业道德由意识转化为行为的杠杆,是形成良好的教师职业道德品质和道德风尚的重要条件。教师的职业道德评价具有以下重要的作用:

1. 鉴定作用

道德评价的首要任务,就在于对人们行为的善恶价值做出判断。这相当于法院的审判工作。正是在这种意义上,人们常常把道德评价比作"道德法庭",社会通过舆论等手段对人们的行为进行善恶判定,个人凭借内心信念对自己的行为也会做出判决。道德评价对于行为的善恶的裁决,特别是个人在自己的内心信念已成为强烈的责任感时,对行为的自我判断,往往比真正法庭对行为的裁判要严厉得多、深刻得多。因此,广泛地开展道德评价活动,往往比一般地传授道德知识,更有利于提高人们识别善恶的能力,增强人们的善恶观念。

教师的职业道德评价同样对教师的教育和教学行为的善恶具有裁决作用。通过道德评价,教师可以对自己教育教学行为的善恶性质得到一个明确的结果,教师可以知道自己的行为究竟是善的还是恶的,哪些是善的,哪些是恶的。

在教师职业道德评价中,凡是善良的、高尚的、美好的教育教学行为都会受到社会、他人或自己的肯定评价;凡是卑鄙的、虚伪的、丑恶的教育教学行为都会受到社会、他人或自己的否定评价。这些评价把教师职业道德原则和规范具体化,使教师清楚地看到,什么样的教育教学行为是善良的、高尚的、美好的,是值得坚持与提倡的;什么样的教育教学行为是卑鄙的、虚伪的、丑恶的,是应该禁止与反对的,从而促使教师形成良好的道德观念。

2. 维护作用

人们对道德行为的调节和维护,主要是通过社会的和自我的道德评价来实现的。道德评价的维护作用主要表现在:倡导善行,排解障碍,制止恶行。在道德评价中,凡是符合道德的行为、言论都会受到人们或自己的称赞和褒奖,相反,凡是不符合道德的行为都会受到人们的谴责和批评。通过这种抑恶扬善的道德评价,道德规范得到了维护和发扬。所以,从形式上看,道德评价所凭借的社会舆论、内心信念和传统习惯等手段,比起国家机器的暴力手段要温和得多。但是,从实际的维护作用来看,道德评价的作用往往要广泛得多、深刻得多、久远得多。许多事实表明,人们受到舆论的赞赏,往往比法庭判其"无罪"更感到荣幸;相反,在舆论面前受辱,往往比受到法律制裁更感到痛苦。同样,人们对自己的行为觉得"问心无愧",往往比没有"违法乱纪"更会觉得欣慰;相反,受到良心的谴责,往往比受到处分更感到无地自容。再如,人们依习俗行止,往往比依法律"令行禁止"更容易得多、自然得多。所以,在社会生活中,充分发挥道德评价的维护作用,对于教师职业道德的建设具有重大意义。教师职业道德评价是维护和实现教师职业道德原则和规范的前提与保障。

3. 教育作用

教师道德评价对教师的教育教学行为起着教育和调节作用,同时也会对参与教育活动的其他人产生影响,是一种重要的教育因素。其教育作用主要表现在以下几个方面:

(1)教师职业道德评价对师德教育的作用。

首先,教师道德评价是教师职业道德教育的有机组成部分。教师职业道德教育包括道德认识、道德能力的提高,包括道德情感、意志及行为习惯的培养,也包括对教师职业道德的评价与监督。教师职业道德评价是对教师职业道德教育效果的检查。正是以对教师职业道德的评价,来保证师德教育的实施与落实。教师职业道德评价本身就是师德教育不可缺少的一个重要环节。

道德评价对人们的行为进行善恶褒贬判断,这种判断反馈到被评价者身上,就会不断增强其善恶区分能力,这种区分善与恶、美与丑、是与非的能力正是师德教育所培养的目标之一,它就是在他人或自我的道德评价中得到提高的。教师道德评价的对象就是教师,教师是教师道德的直接承担者。因此,教师道德评价对于增强教师的善恶区分能力是有重要意义的。

其次,教师道德评价有助于形成教师职业道德教育的良好环境。教师职业道德教育需要一个良好的环境,需要营造一个以遵守职业道德为荣、违背职业道德为耻的强大社会舆论。舆论,实际上是对教师行为是否符合职业道德行为规范、准则的评价。当教师行为符合职业道德时,人们表扬、称赞他;当教师行为违反职业道德时,人们就谴责、厌弃他。这就是舆论。社会舆论有正确与错误、健康和不健康的区别。错误、不健康的舆论会影响、干扰教师职业道德的教育。积极、健康的舆论,使热爱教育事业、热爱学生、具有开拓精神、自觉地运用教育规律的教师受到支持和肯定,获得荣誉、快乐和幸福;使不安心教育事业、误人子弟、摧残人才、无视教育规律、钻营取巧的教师受到良心责备与谴责,使他们能够幡然醒悟。教师职业道德评价恰恰有利于形成教师道德教育的良好环境,带来健康的社会舆论,这种健康的舆论会影响教师自觉按照教师的道德原则和规范去做,以得到社会的肯定和褒奖。在这样的环境下,对教师进行道德教育显然会事半功倍。正是这种强大舆论的力量才能使人们产生强烈的内心体验、深刻的情感反应,才能造成趋善避恶、人人争当教师职业道德模范的良好风气。

（2）教师职业道德评价对他人的教育作用

教师职业道德评价不仅对教师自身的道德教育有很大作用，同时对他人也具有一定的教育作用。首先，作为知识的传授者，教师的道德观念直接影响着知识的接受者，因此，对教师道德的评价就会直接影响到教育对象对真、善、美的认识和判断。教师对学生道德品质的影响是众所周知的。因此，教师的道德评价直接影响教师的个性、品质、思想的发展，间接影响学生的思想品德的成长。其次，教师职业道德评价有利于形成良好社会风气。当前，在我国提高教师的社会地位，尊重教师的劳动，提倡整个社会树立尊师重教的风尚，不仅能促进教育事业的迅速发展，而且，对加强社会主义精神文明建设，对社会风气的净化也有推动作用。正确地开展教师道德评价可以通过社会舆论大力宣传教师高尚的师德，使人们对教师的劳动特点有充分的理解，从而进一步认识到教师这一职业对于培养社会主义建设的合格人才、实现现代化的宏伟目标的重要意义，进一步增强对教师的崇敬和爱戴，提高人们对教育事业的重视，形成"尊重知识、尊重人才"的社会风尚。

二、教师职业道德评价的标准

教师职业道德评价的标准，应包括两个方面的内容：一是标准的社会内容，即社会标准；一是它的职业标准。在对教师道德行为进行评价时，应把社会主义社会的道德原则作为最基本的评价标准，也就是教师职业道德评价的社会标准。

教师职业道德评价的职业标准就是指教师的职业道德有不同于其他社会条件、其他阶级的特殊要求，有不同于其他职业的特点，所以教师职业道德评价除了坚持评价的社会标准外，还要坚持评价的职业标准，做到社会标准与职业标准的统一。

教师职业道德的基本原则是献身教育，教书育人。与这一基本原则相适应的道德规范主要有热爱学生、尊重学生、严谨治学、认真施教、以身作则、为人师表、密切合作、共育新人等。我们在运用这些道德评价的直接标准对教师的道德行为进行评价时，决不能简单地生搬硬套，而必须具体地、有针对性地灵活运用。

确立教师职业道德评价标准时要注意以下问题：

(1)评价要有助于社会主义建设的发展

极大地发展生产力，尽快实现社会主义现代化的宏伟目标，是摆在全国人民面前的根本任务。教育能否培养出大批合格的优秀人才，是社会主义现代化建设能否成功的关键因素之一。教师职业道德评价，必须坚持以是否符合、能否满足社会主义现代化建设对人才的需要这一客观要求为最高标准。一切社会舆论的评价和教师的自我评价，都应从这个标准出发。《中共中央关于教育体制改革的决定》明确指出，我们的教育培养的人才，都应该有理想、有道德、有文化、有纪律，热爱社会主义祖国和社会主义事业，具有为国家富强和人民富裕而艰苦奋斗的献身精神，都应该不断追求新知，具有实事求是、独立思考、勇于创造的科学精神。教师要努力把又多又快地培养符合这一要求的合格人才当作自己义不容辞的道德责任，应把"培养合格人才"当作培养教师道德的最高标准，并能时时处处用这个标准来判断是非，决定取舍，指导行动，总结经验，不断提高自己的道德判断能力，培养自己的职业道德。这一标准可以叫作教师职业道德评价的生产力标准。

(2)要坚持评价标准的阶级性

教师道德评价的标准是具有鲜明的阶级性的，无产阶级和资产阶级的评价标准是截然不同的。在今天，我们应把社会主义、共产主义的道德原则作为教师职业道德评价的基本标准。具体地讲，就是把献身教育、教书育人作为教师道德评价的基本原则，把这一原则及由此引申出来的教师道德规范作为教师道德评价的具体尺度。因为献身于教育事业，为社会主义教书育人这一道德原则鲜明地突出了无产阶级的阶级利益。在道德评价中不突出这一点，就失去了教师道德评价中的基本方向。当然，在这方面，还要注意不能用政治评价标准来代替道德评价标准，两者不可混合使用，应注意加以区别。这一标准可以叫作教师职业道德评价的生产关系标准。

(3)要坚持评价标准的时代性

教师道德的发展史可谓源远流长，教师道德的评价标准也是随着时代的发展而不断变化的。封建社会在择师标准上，把"通儒术""守礼"等作为衡量尺度,而今天我们的标准发生了根本变化。但是,由于传统习惯的影响,许多人往往会不自觉地沿用旧的价值观念去评价新时代的教师道德行为。特别是在改革开放的今天,教师应当有积极进取的道德意识,应富于创新精神,敢于探索,这就要求我们的道德评价标准不能停留在传统的观念上。当然,不能完全排斥传统的评价尺度,而是应该继承中华优秀传统美德,更需要在此基础上,建立起与改革开放的总方针相适应的教师道德的价值尺度。这一标准可以叫作教师职业道德评价的时间标准。

(4)坚持评价标准的民族性

随着对外开放的发展和深入,在借鉴世界各国的先进科学技术的同时,我国也加强了对国外文化的介绍和研究,许多西方教师伦理学说也被介绍传播进来。当然,这对于我国教师伦理学的研究和教师道德的丰富与发展是有重要意义的,我们应当借鉴和吸收各国的优秀文化思想,包括在教师道德问题上的理论和学说,但我们必须把立足点放在自己的文化之上。因此,在教师职业道德评价的标准问题上,决不可照搬西方对教师的道德评价标准,这也是由一定的民族性所决定的。这一标准可以叫作教师职业道德评价的横向空间标准。

(5)坚持评价标准的层次性

我国地域广阔,教师所处的周围环境及工作条件也有较大差别,层次繁多。有的在大学,有的在中、小学;有的在繁华的大城市,有的在偏僻的小山村。由于这些因素,同样的一种道德行为,在不同的条件和环境下可能会出现评价上的不同。这就要求教师职业道德评价标准要体现层次性,适应不同发展水平的教师的需要,使处于不同层次的教师通过教师职业道德的评价都能对自己有一个积极、客观的认识,发挥评价应有的诊断与激励功能,促进教师素质的不断提高。

(6)坚持评价标准的开放性

长期以来,人们以单一的升学标准来评判教师的职业道德价值,使教师的道德价值只局限在校园及学生的学习方面,脱离了社会,脱离了生活。而教师培养出来的学生最终要走向社会,服务于生活。要在社会这个大系统中去判断教师职业道德的价值,就要坚持评价标准的开放性,关注社会生活的现实需要。

第四节　师范生职业理想培育的主要内容

一、专业化的师范技能

《大学》如是说："大学之道,在明明德,在亲民,在止于至善。知止而后有定,定而后能静,静而后能安,安而后能虑,虑而后能得。"意思是我们要想人生中有所收获,必须明确自己要达到的境界是什么,这样才会意志坚定地去追求、去努力。而知道自己要达到的境界,就必须通过职业实践和进行职业生活的规划等活动来实现。高师院校师范生职业理想和普通大学生职业理想的不同之处在于,师范生掌握了更规范的师范技能。高师院校对师范生的培育要定期或不定期安排专业实习,通过不同类型的社会实践活动加强其职业理想的规划和树立。在实践过程中,高师院校师范生的就业压力也会增大,与其他同龄的没上大学的人相比,那些人早已经自食其力,师范生希望通过上大学和自身努力,在经济上实现独立,甚至超过他们。在追求职业理想的道路上,高师院校师范生一步一步不断实现规划的每一阶段的小目标,孜孜以求,在不断奋斗过程中,师范生对于专业化的师范技能的掌握显得十分重要,很多用人单位也是很看重师范生的师范技能以及对现代多媒体的使用能力。

每一个大学生在进入社会大环境之前都要通过学习和实践来掌握生存的技能,而师范生的职业理想具有现代化和时代性。大部分师范生今后将会走向教师岗位,这就要求他们具有扎实的师范技能,包括优秀的"台风"、漂亮的三笔字、对于课堂的控制、对于学生的管理、对于学科的理解、对于多媒体在教学内容中的合理运用,等等。无论是什么课程的教师,即使肚子里面有学识,但没法将这些知识合理地表达出来并让学生吸收,也是不理想的状态。因此,对于师范生职业理想的培育应注重专业化师范专业技能,使师范生熟练掌握这些技能,更有利于师范生实现职业理想。

二、教书育人的奉献精神

在计划经济背景的"包分配工作"条件下,高师院校师范生的职业理想基本上都是根据专业统一安排的。但是,在市场经济条件下,高师院校师范生的职业是由社会市场资源和法律配置形成的。受社会各种因素的影响,师范生教书育人的奉献精神显得十分必要。一方面,高师院校师范生在进入大学选择专业之前,会根据自身兴趣或者考虑家里人意见或者其他因素决定读哪个学校的哪个专业;另一方面,高师院校师范生在正式进入大学后,通过接受各种专业知识以及专业实习,对未来人生有了更多的选择。如何保证高师院校师范生绝大多数未来从事教师行业,培育师范生为教育事业奉献一生,将自己的所学无私地传授给学生,并始终保持对教育的热忱,是培育的重要内容。面对社会的发展和人性本身弱点的挑战,教师要引导师范生追求"春蚕到死丝方尽,蜡炬成灰泪始干"的境界,注重培育师范生的园丁精神,以及对教育事业的执着。无论社会怎样变化,无论受到什么思想的影响,师范生始终能够坚守着为社会培育优秀建设者和接班人的清纯阵地。无私的奉献精神是师范生职业理想最特殊之处,在培育过程中对其进行主流意识形态的灌输和传播,培养师范生个人对社会的奉献、对受教育者传道授业解惑的职业理想。

三、与时俱进的爱国情怀

新时代的爱国主义是既体现爱国主义的优良传统,也体现出时代的特征,内涵会更加丰富。对师范生职业理想的培育要将培育爱国主义为核心的民族精神和以改革创新为核心的时代精神放在突出位置,鼓励师范生献身于中国特色社会主义伟大事业。通过培育师范生坚持学习党的方针政策,学习党的基础知识等,了解国家当前发展形势,为以后培育下一代做充实的准备。与时俱进的爱国情怀需要真挚的感情,需要理性的认识,更需要实际的行动。培养师范生的爱国情怀是与国家的实际发展情况相一致的,只有真正将国家利益放在第一位,始终做到言行一致,与祖国共命运,才是真正的爱国者。

培育师范生与时俱进的爱国情怀是职业理想培育的重要内容,同时也要注意培养师范生树立崇高的理想信念。理想离不开信念,需要信念支撑;信念依靠着理想,需要理想引领。理想信念是一个人、一个国家、一个民族在奋斗目标上的具体体现,是人类特有的一种精神现象和活动,是人类发展不可或缺的动力。理想信念是我们党和国家安身立命的根本,共产党人要坚定理想信念,经受得住各种困难的考验,以解放全人类为己任。培育师范生将个人目标与国家前途紧紧联系在一起,激发师范生为国家富强、民族振兴和人民幸福而努力奋斗的强烈爱国情怀。

四、对受教育者的热爱之情

高师院校师范生的职业理想内容是十分丰富的,包括对于未来社会的憧憬、对未来工作及个人成就的向往、对生活和工作条件的追求、对自我道德目标的勾画,等等。理想是来源于现实的,高师院校师范生的职业理想离不开受教育者这一对象。这些对象是具有个性特点的受教育者,因此对于受教育者的"精心呵护、关怀备至、情有独钟"的热爱是其职业理想的特殊之处,也是培育的核心之处。师范生是未来教师队伍中的重要成员。高校要培育师范生尊重、关爱学生的情感,只有从内心深处产生对受教育者真挚的热爱,才会热爱教育事业,才会在教师岗位上发光发热。著名教育家陶行知说过:"真教育是心心相印的活动,唯独从心里发出来的,才会达到心的深处。"一位好教师是热爱自己学生的教师,会毫无保留、最大限度地将知识传授给每一个学生。热爱学生是教师的天职,是师德的核心,是我们对教育事业的追求,也是教育事业的智慧。培育师范生热爱学生,将无私、公正的爱面向全体学生。教师应该对学生一视同仁,不能因为学生的家境情况、智力高低等因素来区别对待。培养师范生对受教育者的热爱之情,关心学生的全面发展,培养学生正确的学习态度和良好的行为习惯。热爱学生是教师工作的根本出发点和归宿,要培育师范生"落红不是无情物,化作春泥更护花"的情怀并使这种情怀伴随师范生接受教育和树立职业理想过程的始终。师范生的职业理想面对的对象是受教育者,对受教育者的热爱是他们获取幸福感的主要途径。

第五节　师范生职业理想培育的意义

一、培育践行社会主义核心价值观的必然要求

社会主义核心价值观的基本内容是:"富强、民主、文明、和谐,自由、平等、

公正、法治,爱国、敬业、诚信、友善。"这二十四字论述了国家、社会、个人层面的价值追求和目标,是社会主义核心价值体系的精髓。中共中央办公厅在《关于培育和践行社会主义核心价值观的意见》中明确指出:"把培育和践行社会主义核心价值观融入国民教育的全过程""从小抓起、从学校抓起""要将其贯穿于基础教育、高等教育、职业技术教育、成人教育各领域"。高师院校师范生的职业理想培育是践行社会主义核心价值观的必然要求,将核心精神注入师范生的头脑中,培养师范生的爱国热情及创新精神,坚定师范生的民族自尊心和自信心,增强为国家富强而奋斗的自豪感和社会责任感。培育高师院校师范生的职业理想,就是在培养师范生正确的职业观。职业观的三个基本要素就是:一是维持生活;二是发展个性;三是承担社会责任。师范生树立正确的职业理想无论是对于师范生个人,社会还是国家都是具有很大现实意义的,而这恰恰与社会主义核心价值观的三个层次相吻合。培育师范生的职业理想,将师范生的个人价值与社会价值相结合,实现个人理想同社会发展和行业需求的紧密结合,鼓励师范生到迫切需要人才的地方工作,成就一番事业。

　　培育高师院校师范生的职业理想,将社会主义核心价值观贯穿全过程,推动师范生价值观教育,既加强师范生自身修养和培养优良传统品德,也促进师范生成为在实现伟大中国梦进程中最积极、最活跃的群体。需要注意的是在用社会主义核心价值观引领高师院校师范生职业理想培育时,重要的是让师范生对我国国情、现状基本了解,认识社会主义初级阶段的性质和特点,毫不动摇地坚持中国特色社会主义共同理想。理想信念是价值观的重要组成部分,是人们对于未来生活的向往,强化师范生理想信念教育,使其深刻理解中国特色社会主义道路的意义,对中国特色社会主义的共同理想有认同感,并将共同理想内化为自己的价值追求和奋斗目标,同全国人民一起坚定不移地努力。培育和践行社会主义核心价值观,就是要求高师院校在培育师范生职业理想时,正确处理好国家共同理想与师范生个人职业理想之间的关系,自觉并有意识地促使师范生将个人职业理想与国家共同理想有机结合起来。高师院校引导师范生尽早树立职业理想,使理想发挥动力作用,让师范生有足够的热情和干劲去学习知识和技能,培养出为社会发展、国家繁荣做出贡献者。总之,培育高师院校师范生职业理想是践行社会主义核心价值观的具体表现,要通过社会主义核心价值观来培育师范生的职业理想。

二、提升高师院校人才培养质量的必然要求

现代高校大学生就业制度的特征就是学生与用人单位是双向选择的,大学生毕业之后走向人才市场,接受用人单位的选择。社会向大学生提供就业岗位,大学生也可以根据自己的意愿选择满意的就业岗位,但是社会对于人才的质量要求却是越来越高。人才的质量不仅体现在师范生的专业水平上,还体现在其他各种综合能力上,包括主动意识、合理规划能力、抗风险能力、参与竞争的能力。人才市场的激烈竞争,需要师范生主动勤奋上进、努力拼搏来找到合适的职业,并从入学时就树立未来的职业理想,主动着手规划自己的职业目标,有目的性地去塑造自己。计划经济体制下大学生的"等、靠、要"的意识在当今社会是绝对行不通的。市场经济变化多端,风险几乎无处不在。在经济学概念中,风险是指"由于社会生活中存在着各种不确定的因素,经济主体遭受损失的可能性"。

高师院校师范生必然会面临就业风险或工作后遇到各种风险,这就需要师范生具备主动预防和抵抗风险的能力。很多用人单位将是否具备竞争能力作为重要考察项目和条件,高师院校的师范生作为千万大学生中的一分子,是社会人才资源的重要组成部分,必然会受到市场的调配和制约。高师院校是向社会提供人才的重要基地,师范生是教师队伍的强大后备力量。随着社会的高速发展、人才要求的提高,通过培育高师院校师范生的职业理想来提高人才质量显得尤为重要。培养高师院校师范生的职业理想可以挖掘师范生的自我潜能,增强个人实力,可以增强师范生职业发展的目的性和计划性。一个人的发展要有计划、有目的,不可盲目地"撞大运",有的学生会将失败归结于运气不好、机遇差,而实际情况是职业理想不科学。古语讲:"预则立,不预则废。"培育高师院校师范生的职业理想,保证师范生在就业之前具备良好的能力条件,能够加大成功就业的概率。培育高师院校师范生的职业理想,并结合社会经济发展形势、高校就业政策,增强了师范生的综合能力。师范生及时发现自身不足,提前准备规划,高师院校通过职业生涯课和就业指导课开展职业理想的培育工作,共同推动师范生的人才质量。总之,培育高师院校师范生的

职业理想不仅培养了师范生的专业能力,也提高了师范生的综合能力,从而提升了高师院校师范生的人才质量。

三、加强高师院校师范生思想政治教育的必然要求

高师院校师范生的职业理想是师范生对于其未来可能从事的职业而获得成就的向往,体现了师范生个人的价值观和人生态度,而培育师范生的职业理想就是纠正、规范师范生的职业价值观,促使其产生正能量的积极态度。思想政治教育是社会或社会群体用一定的思想政治观念、道德规范,对其成员施加有目的、有计划的影响,并促使其自主接受,从而形成符合社会需要的思想品德的社会实践活动。概言之,思想政治教育的根本目的就是提高个人思想道德素质,达到社会要求水平,从而实现人的自由全面发展以及社会的发展。要达到这一根本目的,要求培育高师院校师范生的职业理想,实现个人与社会的统一,即个人理想应当与社会理想靠近或吻合,并努力奋斗实现社会共同理想。加强和改进高师院校师范生思想政治教育,做到充分发挥思想政治教育的个体性功能:引导师范生遵循客观规律,追求更好的生存状态,促使师范生保持坚定正确的政治方向,在社会规范允许的范围内进行创新性活动,激励师范生主动、积极参与社会主义建设。做到思想政治教育的社会性功能:传播社会主导意识,创造社会主义生产力发展的精神动力,营造和谐社会环境,充分发挥思想政治教育的文化职能,帮助师范生形成生态价值观,推动生态文明建设。

为使思想政治教育在高师院校师范生这一群体中发挥作用,实现其功能,必须对师范生进行职业理想培育,培育的内容既丰富了思想政治教育的内容,也实现了对师范生的培养。高师院校师范生的职业理想培育应当包括两个方面的培育,一是职业观培育,二是理想信念培育。其中对于职业观的培育包括职业知识的传授、职业能力的养成、职业道德的规范;理想信念培育包括个人理想培育和社会主义、共产主义理想信念培育。

因此,职业理想培育与思想政治教育两者是相互反映、共同发展的。培育师范生的职业理想除了让师范生了解相关职业背景和发展前景这些基本的职业知识,还要注重培养师范生相应的某些职业能力,加强职业道德意识、规范

教育,在实践中注意职业道德行为引导。关于师范生的个人职业理想,是要师范生能够找到理想的职业,并感受到职业幸福感,这样的职业才是理想的。思想政治教育强调个体享用功能,就是个体实现某种愿望后,获得精神上的享受,转变为满足、快乐和幸福。同时,培育高师院校师范生的职业理想还要强调社会理想培育,即引导师范生树立中国特色社会主义共同理想,树立共产主义远大理想和坚定信念。总之,培育高师院校师范生的职业理想丰富了思想政治教育的内容,促进了思想政治教育的发展。

四、促进高师院校师范生健康成长的必然要求

对于刚进入大学的师范生而言,部分师范生身心难免会存在一定的问题,如心理压力大,对新环境不适应等。这与缺乏正确的引导和对职业理想的迷茫有直接关系。加强高师院校师范生职业理想的培育,能够尽早让师范生确立职业理想,让他们少走弯路,同时也会有助于他们朝着目标进步,安心学习,健康成长。对于高师院校的师范生而言,最关心的是毕业后自己能否找到一份合适的工作,在高等教育大众化的今天,师范生面临激烈的就业压力。当初选择师范专业是为了能够走上教育岗位,但是随着年龄和见识的增长,对职业可能会有更多的选择。但是,招聘单位的用人要求也在改变,对师范生的职业素养、职业道德等方面都提出了更高的要求。教育部等七部门发布《关于进一步加强职业教育工作的若干意见》中指出,就业率成为评估职业学院的重要指标,关系学院的生存。因此,培育师范生的职业理想不仅有利于学院发展,更有利于师范生个人发展。托尔斯泰说过:"理想是我们的指路明灯,没有理想,就没有坚定方向,没有方向,就没有生活。"培育高师院校师范生职业理想能够避免师范生在成长途中迷失方向乃至误入歧途,能够给他们提供外在的动力,鼓励其为实现职业理想而努力奋斗,促使其将时间和更多的精力投入专业知识和能力的培养上,有助于师范生职业气质和精神的形成,为从事的职业做好准备工作。培育高师院校师范生职业理想,不仅有助于促进师范生健康成长,而且能够促使师范生树立正确的价值观,正确进行职业定位,通过完善自我实现全面发展,进而提高师范生的综合素质。刚进入大学阶段的师范生在世界观、人生观、价值观等方面还不是特别成熟,容易受到生活环境、理想动机、同

学关系、教师引导等各种因素的影响和制约,这个阶段对其进行职业理想培育能够使师范生的价值观由不稳定向稳定、由感性向理性、由抽象迷茫向具体实际发展。师范生能够通过职业介绍、前景分析,主动寻找差距,根据自身条件确定职业方向,完善自我。职业理想培育不仅仅是就业教育,还是道德教育,是要求师范生德智体美全面发展,帮助师范生为进入就业岗位做好准备,更是帮助他们明白怎样将个人理想与社会理想相结合。明白自己要为了社会发展和人民幸福而做出奉献,必要时还要牺牲自我利益。总之,培育高师院校师范生的职业理想必须贯穿整个教育过程,全方位培养师范生,引导学生掌握多门知识、多种技能,培养出高素质的复合型人才。

第六节　师范生职业理想培育的路径

一、核心概念界定

要搞清楚师范生职业理想的概念,首先要对"职业""理想""职业理想"等进行界定和把握,这样有利于更好地开展研究,同时也是高师院校师范生职业理想培育研究的逻辑起点。

(一)职业、理想、职业理想

职业是一个范围较广的概念。从词义学角度看,"职"和"业"构成了"职业"。所谓的"职",即天职、职责,所谓"业",就是行业,事业。《现代汉语词典》是这样概括的,职业是"个人在社会中所从事的,并作为主要生活来源的工作"。同时,不同学科和不同领域的专家与学者都对它有不同的定义。美国社会学家塞尔兹认为:"职业是一种特殊活动,决定着从业者的社会地位,是个人为了不断取得收入而连续从事的具有市场价值的活动。"美国教育家杜威把职业定义为可以从中获得利益的一种活动。我国一些学者认为:职业是劳动者能够稳定从事的有偿工作。还有一些学者认为:职业是一个人工作经历过程,或是一系列与雇佣相关的职位、任务和经验活动。综上所述,职业是指人们从事的相对稳定的、有收入的、具有社会性的专门类别的工作,反映个人与社会两个方面。

理想,是人们在不断地实践过程中形成的,有可能实现的,对未来社会和自身发展的有根据、合理的向往和追求,是人们奋斗目标的集中体现。理想来源于现实,又超越现实。理想是指路灯,是我们要达到的境界。理想同个人的愿望相联系,包括个人的认知和想象:认识是产生理想的基础,想象是对未来某种目标的向往和追求。两者密不可分,离开对客观现实的正确认识,想象就会成为主观臆想,成为幻想空想。没有丰富的想象就不会产生远大的理想。

职业理想,是人们通过不断奋斗努力追求未来职业或事业上的成就,是一种对未来职业的向往,并指导人们在实现职业理想过程中的价值观行为。搞明白理想职业与职业理想的区别,更容易掌握职业理想。人们的职业幸福感取决于本职业是否理想,若个人从事理想职业,并实现职业理想,才会获得真正的职业幸福感。理想职业是人们从事职业之前内心深处对于今后向往或者规划的职业。这个职业可以是真实存在的,也可以是自我虚构的。职业价值观决定职业生涯,职业理想不同于理想职业。职业理想是每个人的职业价值观,包括个人的理想信念和世界观,是人生目标和态度在职业选择方面的具体体现。

(二)高师院校师范生、高师院校师范生职业理想

由曾近义主编、华南师范大学编写组编写的《师范大学生手册》一书指出,高师院校是实施高等师范教育的学校,包括三个层面的学校:师范大学、师范学院、师范专科学校。其中教育学院或教育行政学院是专门培训中等学校在职教师和教育行政人员的,也是属于这个范围。关于高师院校的培养任务,早在1986年3月26日国家教委(今教育部)发布的《关于加强和发展师范教育的意见》中就明确规定,在国家教委的统一安排和规划之下,各级师范院校承担着培养部分高层次师资的任务、高师本科院校培养中等学校师资队伍、师范专科学校培养初级中学师资力量。师范生是指通过保送或者国家统一考试,在各级各类师范学校中修学教师教育课程体系的师范类专业的受教育者。师范生所修的专业是教育方向,将来的就业目标也是很明确的,即到学校或者教育机构从事教学或教学管理工作,绝大部分人都将从事教师行业。高等师范

院校的师范生通过学习相关师范课程,到毕业的时候可以获得相应的教师资格证,或者是通过接受各种师范技能的培训,毕业后获得具有汉语言文学、英语、生物、化学、历史学、数学与应用数学、地理科学、计算机科学与技术、心理学、美术学、体育学、音乐学和思想政治教育等专业的教师资格证书。高师院校师范生职业理想,是指在师范大学、师范学院、师范专科学校就读师范专业的全日制大学生对未来所从事的职业及事业获得成就的追求和向往。高师院校承担着培养和提高基础教育学科师资教育素养的任务,师范性主要体现在开设了教育学、心理学、中学各科教材教法等公共类教师教育课程和教育见习、实习上。高师院校都是举全校之力在办师范教育的,工作重心也是基本围绕培养优秀教师。这意味着高师院校师范生职业理想已经初步或基本把学校的培养目标作为自己的方向和目标。随着当前高等教育和教师培养的改革形势变化,高师院校非师范生的数量在不断扩大,高师院校师范生的职业理想也由此变得多样化,不仅仅局限于教育事业,也有可能会出现工作岗位与专业不对口的现象。

(三)高师院校师范生职业理想培育

在对高师院校师范生职业理想培育进行概念界定之前,要搞明白教育与培育的概念。教育与培育之间既有联系,又有区别。教育是为提高社会个体质量而进行的一种设想和规定。培育是针对特定的对象而言,在教育目标的基础之上具体落实。高师院校师范生职业理想培育,是指在教育部对于我国师范生教育提出意见的前提下,对高师院校师范生这一特殊群体制定具体培育目标,对其职业理想进行引导,并在这个过程中结合学生和社会实际情况,指导其形成正确且积极向上的职业规划,从而帮助高师院校师范生实现职业理想做出合理计划安排的社会活动。树立正确的职业理想,对于高师院校师范生处理各种矛盾、提升自我能力、顺利完成学业、实现人生价值有着重要意义。培育师范生职业理想时,一定要根据社会发展和需要。

二、通过社会实践,内化职业素养,培养行业精英

职业素质教育不可能完全由课堂来完成,也不可能由学生"独善其身"来

达到,学校要积极组织策划具有职业文化特点的校园文化活动,利用社团活动、创业创新活动等,使学生在社会实践活动中提升自身的职业素养。现代企业要求职业教育把学做人和学技能结合起来,把品质教育和日常行为培养结合起来,注重对学生的公共道德、言谈举止、待人处世、遵章守纪等方面的培养,把品质教育从无形量化变为有形量化。通过实践教学,学生接触社会、体验生活。

高职院校在学生入学伊始,就应该依据就业市场,缩短高职教育与企业间的距离,搭建"校企协作"的人才培育"直通车"。以各种形式和方法训练学生的动手实践能力,使他们在校时期就逐步了解社会需求,循序渐进地理解今后将从事行业的特质,以工作的态度和方法要求自己,为毕业后参加社会工作打下良好的基础。社会实践活动是高校育人的重要内容和有效手段,它让受教育者成为学习的主体,充分发挥自主性,在主动性学习和自我教育活动中获得健全的发展,形成积极进取的个性。依托校内外实践平台,将学生活动表现与日常行为纳入教育体系中,把专业课实习与学生职业性岗位锻炼有机结合起来,实现校企导师指导,提升与内化职业基本素养。只有在社会实践中充分发现社会需要,才能在未来把所学知识和形成的能力有效运用到社会建设的事业中,利用知识服务社会,逐渐把社会的价值尺度内化为个人的价值尺度。

三、通过工学结合,打通就业通道,培育适销对路的人才

传统以学校和课堂为中心的职业教育人才培养模式,已经明显地不适应新形势的需要。新经济时代对人才培养的规格和模式,要求以市场为需求,以企业或行业为依托,积极开展工学结合的职业教育校企合作模式,推广"订单式"培养,"工学循环式"教学,加强学校与企业行业间的职业技术培训,提高学生的技能素质。通过工学结合,将能力目标与职业岗位的具体工作任务联系起来,建立具有明确行为化目标的能力分解表。让学生的职业能力在得到锻炼与提高的同时,对事业、对人与人的关系、对人与社会有更深刻的认识,培养学生良好的职业道德、敬业精神、团队精神、责任意识等,进而提高学生的综合素质。工学结合要求学生根据市场需求以"职业人"的身份参加与所学专业相关联的实际工作,使学生对特定职业岗位有更深刻的体验与认识,从而实现

以培养学生实际工作能力为目标,通过学校与社会结合、理论与实践结合,使学生逐渐形成适应未来职业岗位或技术领域需要的知识、能力、素质结构和一定的可持续学习能力,让他们提前介入职场,了解社会,从而打破学校的系统封闭状态,使育人工作由学校与社会用人单位共同完成。

通过工学结合,学校与社会互动,学校融入社会,紧盯市场动向,紧跟人才风向,师生共同参与,充分发挥学生的主动性和创造性,培养学生的想象力、独立性、创新精神和创新能力。学生通过参与相关行业企业真实实践,将来能更好地融入社会、融入企业,能更快地从"学生"变成"准职业人",最终更快更好地成为一个具有现代意识且有竞争力的职业人。工学结合还可以让院校清楚用人单位需要什么样的人才,了解具体岗位对人才培养的规格要求,从而灵活调整培养目标、课程计划、教学方式与方法等,让学生适应企业特定岗位对专门人才的需要,使毕业生走上工作岗位后能很快进入角色,适应职业环境,使学校培养学生目标明确、针对性强。

第四章　师范生综合素质提升训练

现在的师范生未来很多会成为光荣的教师,因此师范生在学校期间熟知教师行业的行为准则,为将来更快融入社会,尽快进入角色打好前提和基础是非常必要的。在校期间,也要不断强化提升其综合素质能力的训练。

第一节　教育组织能力训练

一、教材解读能力训练

(一)教材解读现象存在的客观性

教材解读现象存在的客观性,是教材解读的首要前提和基本原则。客观性是指教材解读必须尊重事实,遵循客观规律,不受个人主观意志和偏见的影响。教材是教育工作者和学生获取知识的重要途径,其中包含了大量的事实和信息。这些事实和信息是客观存在的,不以人的主观意志为转移。因此,教材解读必须坚持以事实为依据,不能随意篡改或歪曲。教材的编写必须遵循一定的原则,如科学性、系统性、适用性等。这些原则是根据教育规律和人才培养要求制定的,具有客观性。教材解读必须遵循这些原则,确保解读的正确性和有效性。教材是为教育工作者和学生提供的,因此其内容和形式需要满足受众的需求。这些需求是客观存在的,教材解读必须充分考虑这些需求,确保解读的实用性和针对性。教材的评价标准是客观存在的,如教育质量、教学效果等。教材解读需要根据这些评价标准进行自我评价和改进,确保解读的质量和效果。教材解读现象存在的客观性要求我们在解读过程中始终坚持以事实为依据,遵循教育规律和人才培养要求,充分考虑受众需求,确保解读的正确性、有效性和实用性。

(二)教材解读能力训练的必要性

教材解读能力训练的必要性主要体现在教材是学生获取知识的主要途径,通过对教材进行深入的理解和解读,可以更准确地掌握知识点,提高学习效果。在考试中,教材解读能力强的人往往能更快地理解题目要求,准确找到解题方法,从而获得更高的考试成绩。在学术研究中,对教材的深入解读有助于发现新的研究方向、研究问题和研究方法,从而推动学术研究的发展。对于教师来说,对教材的深入解读可以帮助他们更好地理解课程内容,设计更有效的教学活动,提高教学质量。在终身学习过程中,教材解读能力强的人能够更快地掌握新知识,更好地适应社会的发展变化。因此,对于教师,教材解读能力训练是非常必要的。

(三)教师教材文本解读水平的提升方法

1. 提升教师自身的主体意识

人的自主性表征着人与其自身的关系,它是人的自我认同感、存在体验、自我价值感等诸种自我意识或个人主体意识的整合,它根植于人的内在价值。具有自主性的人信奉自由原则和选择原则,做到自由而不放纵,选择而负责任。其实,自由并不轻松,自由总是与责任相连,自由是一种人生责任,选择就要对选择的后果负责。所以,也可以认为,自由就是一种能力、一种素质。而专业自主性正是传统的教师所欠缺的,教师被完全职业化和角色化,每个人都按照其所从事的职业和所扮演的角色的要求来活动,他的言行举止完全地受到他所扮演的社会角色和他担负的社会职责约束和限定,别人的行为标准也就是自己的行为标准,个体丧失了对自我价值的终极追求,自我沉沦于他人之中,沉沦于角色之中,沉沦于整个社会关系网络之中,同样,实践中的教师也大多是用着别人的概念、别人的思路与推理重复验证别人的经验,在书中、在文字世界中重复他人的生命,拘谨成为教师真实的写照,传统的教师一直虔诚地践行着"教教材"的职责。如果约束太多,教师会失去很多其本该具有的灵性。要让教师意识到,教学是自己的一种生存方式或存在方式,是生命的表现形式。既然这样,就有探求这一生产方式、存在方式的意义和价值。如果我们教师不能为教学活动注入真实的情感,我们就不可能体验其中的意义和价值,那么教学就只是一种手段,只具有一种工具性价值,教师的一生也是遗憾的。教学不仅是手段,它本身更是目的,是与我们生活的幸福分不开的,因此,我们为教学付出真诚努力的过程也是我们挣脱教学工具价值观的羁绊,真正体验到教学幸福的时候。新的教育理念已经在关注这一问题,并通过各种途径提升教师的个人价值,找回主体的尊严,比如校本课程的实施。

2. 创设良好的外部环境

新课改带给我们的新课程理念既给教材解读提供了广阔的空间,又给教材解读提出了更大的挑战。新的课程增加了教学中本来就存在的不确定性:教学目标与结果的不确定性——允许学生在知识、能力、态度、情感、价值观方面的多元表现;教学内容的不确定性——课程的综合性加大,教材、教参为教师留有极大的余地,教师要花很多的时间查找资料补充教学内容;教学方法与教学过程的不确定性——教师有较大的自主性,将更为灵活地选择和使用教学方法,教学过程中教师可支配的因素增多;教学评价的不确定性——大大减少和淡化了考试的分点。因此,新的课程标准对教师教学与学业评价的影响是间接的、指导性的、具有弹性的,给教师的教学留有一定的空间。这样的设计,便于教师准确地把握国家课程标准,增强课程意识,提高对教材的驾驭能力,降低对教材的过分依赖,有利于拓展课程,创造性地开展教学。教学的多样化、变动性要求教师是一个决策者,而不只是执行者。在这种课程环境下,教师具有更多创造新形式、新内容的空间。

新的课程呼唤创造性教师,新的课程也必将造就大批的优秀教师,传统教材解读的基本追求目标还处于"作者中心"的水平。过多地追求教材文本作者和教材编者的意义,禁锢了教师和学生的创造性。本次课程改革无论是在课程设置上还是在课程内容及教材编排方式的更新上都给教师提供了广阔的个人空间,同时带来教学理念、方式的一大改变,就是要求打破原有的教学观、教材观,创造性地解读教材。创造性地解读教材要求教师在充分了解和把握课程标准、学科特点、教学目标、教材编写意图的基础上,以教材为载体,灵活有效地组织教学,拓展课堂教学空间。创造性地解读教材是教学内容与教学方式综合优化的过程,是课程标准、教材内容与学生生活实际相联系的结晶,是教师智慧与学生创造力的有效融合。在新课程标准与新教材之间,仿佛是一片不确定的开阔地,给教材解读留下了广阔的创造空间。

二、课堂教学组织能力训练

教育要面向现代化、面向世界、面向未来。由应试教育向全面素质教育转变既是迎接新世纪我们国家教育的一种战略思考,也顺应了世界教育发展的总趋势。教师要想适应教育改革的要求,必须转变思想观念,注意改进教学方法,并通过教学实践,不断提高自己的素质及相应的教学水平。

(一)课堂教学组织能力的内涵

所谓课堂教学组织,是指教师在一堂课的教学中,善于发挥管理效能,调节教师与学生、学生与学生之间的关系,师生共同完成教学任务的种种活动。所谓课堂教学组织能力,是指教师为了完成教学任务,设法创造课堂气氛,把学生带进教学过程,并要鼓励学生积极、主动参加获得知识和能力的活动、参加知识的发现和创造过程,让学生根据自己的经验充分发挥自己的聪明才智,圆满完成教学任务时所实施的一系列组织管理手段。

教师必须有扎实的基本功才能具有较强的课堂教学组织能力。教师除钻研教材、研究传授知识的方法外,还要掌握学生的学习心理,了解学生年龄特点以及学生掌握知识的程度和学习的方法与习惯。教师只有对学生诸方面情况有了了解和研究,才能做到心中有数,才能根据课文实际对学生进行有效的指导与讲授,使学生达到"我会学"的要求。特别是遇到学生对所讲的内容有争议或有疑问时,教师必须具有较宽的知识面和较强的应变能力,才能因势利导,打破僵局。这样不但使学生的疑难得到解决,而且也将进一步激发他们探求知识的欲望和获取知识的积极性。每当学生被充分调动起来的时候,对教师的课堂组织能力必然会提出更高的要求。教师只有不断加强教学基本功,才能适应教学改革的需要。显然,教学改革过程,也是教师提高素质,进而不断提高教学能力的过程。

教师的工作和其他行业的工作一样,对一个人的能力有一定的要求。而且这种要求指的并不是一种能力,而是一套综合的能力。这套专门的综合能力就是教师能力。教师能力涉及的内容很多,教学组织能力是其中的一种。教学组织能力是教师为达到教学目标、取得教学成效,在教学过程中表现出来的一种操作能力。它是教师业务素质的一个重要组成部分,对于保证教学工作有条理、有系统和实现教学目标有着重要的作用。教学组织能力不是一种不可捉摸的抽象概念,而是由许多具体的因素所组成的。如果我们对课堂教学的过程进行考察,可以发现,对任何一个教师来讲,所有的课堂教学的流程基本上是这样的:首先要进行备课,并形成教案;其次,根据教案具体组织课堂教学的活动;最后,根据课堂教学活动的结果,判断教学效果与教案中提出的课堂教学目标是否吻合(其结构如图 5-1 所示)。在备课、上课和评价这三个环节中,至少要涉及教学内容的组织、教学活动的组织和教学活动的控制三个方面的内容。这三个方面的内容就构成了教学组织能力的三个主要组成因素(或组成成分)——教学内容的组织能力、教学活动的组织能力和教师的语言组织能力(对教学活动起着控制作用)。

图 5-1 课堂教学流程结构简图

(二)课堂教学组织能力的具体构成

1. 教学内容的组织能力

教学内容的组织能力是教师在教学过程中对教学内容进行合理安排、调整和设计,使之既符合学生的认知发展水平,又能激发学生兴趣的重要能力。在教学过程中,教师需要根据教学目标、学生特点和学科内容等因素,灵活运用各种教学策略和方法,将零散的教学内容进行有机整合,使之形成一个完整的体系。在组织教学内容之前,教师需要明确本节课的教学目标,这将有助于教师有针对性地选择和组织教学内容。教学目标应该具体、明确、可衡量,能够引导学生在课堂上完成相应的任务。了解学生的年龄、知识背景、学习兴趣等特点,有助于教师选择合适的教学内容和方法。不同年龄段的学生认知水平不同,教师需要根据学生的实际情况调整教学难度和深度。教师需要对学科内容进行深入研究,了解教材的编排体系、重难点等,以便在组织教学内容时做到有条不紊、重点突出。教师需要将零散的教学内容进行有机整合,使之形成一个完整的体系。这需要教师具备较强的知识储备和教学机制,能够灵活运用各种教学策略和方法。教师在组织教学内容时,还需要关注学生的兴趣和需求,尽量将学生的兴趣和学科知识相结合,使学生在学习过程中保持积极的学习态度。在教学过程中,教师需要根据学生的反馈和学习效果,及时调整教学内容和方法,以确保教学目标的实现。

2. 教学活动的组织能力

教学活动的组织能力是指在教学过程中,教师能够有效地计划、安排和管理各种教学活动的能力。在教学开始之前,制订一个详细的教学计划,包括教学目标、教学内容、教学方法、教学时间分配等,以确保教学活动的顺利进行。根据学生的实际情况和教学目标,合理安排教学内容,确保学生能够全面、系统地掌握知识。尝试使用多种教学方法,如讲授、讨论、实验、案例分析等,以激发学生的学习兴趣和积极性。根据学生的接受能力和教学目标,合理控制教学节奏,确保学生能够跟上教学进度。通过设置课堂活动、鼓励学生提问、表扬学生进步等方式,调动学生的学习积极性。在教学过程中,及时关注学生的学习情况,根据学生的反馈和教学效果,及时调整教学策略。尊重学生,关心学生,与学生建立良好的师生关系,有助于提高教学活动的组织效果。通过参加培训、阅读专业书籍、向同行请教等方式,不断提高自己的教学能力和组织能力。

3. 教师的语言组织能力

教师的语言组织能力是指教师在教学过程中,通过言语表达和交流,将教学内容准确、清晰、有条理地传达给学生的能力。这种能力对于教师的教学效果具有重要意义。教师需要熟练掌握教育教学的语言,包括专业术语、教育教学模式等,以便在教学过程中更加得心应手地进行表达和交流。教师在教学过程中需要注重语言的规范性,避免使用口语、网络用语等不规范的语言,以免影响教学效果。教师需要注重语言的逻辑性,确保教学内容的表达条理清晰,有助于学生更好地理解和掌握教学内容。教师需要增强语言的表现力,运用修辞手法、形象描述等方式,使教学内容更加生动有趣,提高学生的学习兴趣。教师在教学过程中需要关注与学生的互动,适时提问、回答问题,使教学过程更加生动有趣。教师需要不断尝试教育教学的新理念、新方法,不断提高自身的语言组织能力。同时,要注重对自己的教学进行反思,找出不足之处并加以改进。教师的语言组织能力是他们教育事业中最基本、最重要的技能之一。一个优秀的教师不仅能够清晰、准确地传达知识,还能够用富有感染力、启发性的语言激发学生的学习兴趣,引导他们主动探索和思考。

(三)组织课堂教学应遵循的基本原则

组织课堂教学总的原则应该是"管而不死,活而不乱",既要严格管理,严格要求,又要爱护学生,尊重学生;既要严肃紧张,又要生动活泼。具体原则如下。

1. 坚持以教师为主导、学生为主体的原则

在教育过程中,要始终坚持以教师为主导、学生为主体的原则,以确保每个学生都能在轻松愉快的氛围中学习和成长。注重教师队伍的建设,定期组织教师进行教育教学培训,提高教师的教育教学水平。只有优秀的教师才能更好地引导学生,激发他们的学习兴趣和潜能。鼓励学生积极参与课堂讨论,发表自己的见解和观点。每个学生都有独特的思维和创造力,只有让他们勇敢地表达自己,才能真正实现教育的民主和平等。还应关注学生的个性化发展,针对不同学生的兴趣和特长,开设丰富多样的选修课程。每个学生都有自己的闪光点,只有让他们的潜能得到充分发挥,才能真正实现因材施教。注重家校合作,定期组织家长会,让家长了解孩子在学校的学习和生活情况。家庭教育和学校教育是相辅相成的,只有家长和学校共同努力,才能培养出更优秀的人才。应将始终坚持以教师为主导、学生为主体的原则,为每个学生的全面发展提供优质的教育资源和良好的环境。

2. 组织课堂教学应坚持静中有动,动中有静,动静结合的原则

在组织课堂教学的过程中,应该遵循静中有动,动中有静,动静结合的原则。这种教学方法能够让学生在相对安静的环境中思考问题,培养他们的专注力和自主学习能力,同时也能让学生在活动中学会合作与交流,培养他们的团队精神和社交能力。在教授数学课程时,教师可以设计一些静态的练习,让学生在纸上演算题目,培养他们的计算能力和逻辑思维。在教授外语课程时,教师可以组织小组讨论,让学生在轻松的氛围中练习口语和听力。在教授艺术课程时,教师可以组织一些即兴表演活动,让学生在舞台上展示他们的才华和创造力。动静结合的教学方法能够让学生在紧张的学习过程中找到放松和调整的机会,从而保持学习的热情和动力。

3. 坚持放中有收,收中有放的原则

在教育过程中,课堂组织集体活动是一项至关重要的任务。为了确保活动的有效性和高效性,要遵循一条重要原则,那就是在集体讨论、集体辩论、集体交流和小组互测等活动中,要学会在放和收之间找到平衡。教师进行有针对性的引导和点拨,帮助他们更好地理解和掌握知识。要做到放中有收,需要在知识领域内给予足够的空间,让他们在教学过程中不断发展和进步;同时,也要在关键时刻进行适时的引导和点拨,确保教学目标的顺利实现。这就像是一位优秀的导演,他会在关键时刻给予演员恰如其分的指导,让他们在表演中既能充分展现自己的才华,又能完美地融入整个剧情。

(四)课堂教学组织能力的提升途径

1. 课堂组织管理

管理是一种特殊行为,它一开始就具有"掌管""处置"的意思,后来引申为为了实现目标而实施的组织、控制、协调、促进等行为。构成管理行为有三个基本要素。首先是目标,管理是一种指向组织目标的积极行为,它是在一定的目标指向下追求高效率达成目标的行为。其次是组织人员。管理者按照不同职责、岗位将人员安排到相应的位置,以此确立组织中不同人员之间的身份关系。最后是人员的协调配合。要想高效率实现组织目标,管理必须由所有组织人员共同实施完成,组织中人员之间相互协调配合,形成工作合力,最终实现组织目标。对于课堂管理,人们往往从管理职能的方面来做出界定,认为课堂管理是教师的调控行为,是对课堂环境的控制,是对学生学习行为的促进等。

我国学者对课堂管理进行了较为系统的研究,认为课堂教学和管理是有密切联系、不可分割的有机整体,如果说教学效率考虑的是获得教学效果所付出的成本的大小的话,那么,课堂管理可以理解为一种提高课堂教学效率的努力。具体而言,课堂管理就是指管理者(教师)与被管理者(学生)双方为了提高教学效率而共同建立并完善课堂教学的环境,是以两个相互参照的事物来决定的。在课堂中,教学行为的发生也伴随着管理行为的发生:相对于课堂教学行为来说,一切的管理行为构成了教学环境要素;同理,相对于课堂管理行为来说,一切的教学行为也就变成了管理的环境要素。它有如下含义:首先,课堂管理是一种师生都需要付出的成本努力。这种成本努力的付出主要是脑力付出。其次,课堂管理目标可以按照不同标准划分。最基本的目标是为课堂教学顺利进行保驾护航,提高教学质量。换句话说,就是通过一定的管理成本投入,保障和实现课堂教学过程顺利、高效地进行;其间接目标是最终实现学生的全面发展与进步,并且使教师的管理能力和管理水平实现新的提高。再次,积极构建和维持教学环境是实现课堂管理目标的基本方法。

2. 课堂组织管理的有效性

我国学者对中小学课堂管理研究起步较晚,很多人把课堂管理简单地理解为维持课堂纪律,认识上比较肤浅,把课堂仅仅看成单一的教学活动,忽略了管理的存在。因此,有必要重新审视课堂活动,来思考课堂管理活动的本质:有效课堂管理的本质是对"管理"行为的管理,是通过运用行为管理的一般原理、原则和方法,促进课堂管理行为的规范化和在规范行为的基础上的创造性。它与课堂中教学行为的区别主要有以下几个方面:首先,二者的目标不同。课堂管理目标是保障课堂教学顺利进行,课堂教学的目标是完成教学任务,实现学生的全面发展。其次,二者的行为方式不同。课堂管理属于管理学范畴,主要通过计划、安排、调控等管理方面的职能来对课堂实施管理;而课堂教学行为主要是教师灵活运用各种教育教学手段,向学生传授知识、技能、情感和价值观。最后,二者的实施对象也不同。课堂实践中,课堂管理把教学活动之外的一切其他要素作为管理对象进行研究;课堂教学的对象是整个教学过程本身。二者恰为互补关系,共同维系着整个课堂,缺一不可,既不存在脱离课堂教学的课堂管理,也不存在没有课堂管理行为的单纯的课堂教学。教师要完成课堂教学的完整过程,有效的课堂管理是基本的保障。过去人们认为课堂管理就是教师在课堂教学中处理和调控学生的不良行为,维持好课堂纪律和教学秩序。其实,加强纪律、维持课堂秩序仅仅是课堂管理的一部分内容,而课堂教学中教师为促进学生的发展与进步所实施的所有行为和活动都是课堂管理所包含的范畴。课堂管理系统和教师的教学系统二者有机联系,密不可分。教师如果不重视课堂管理而一味要求学生在课堂中服从,做个"听话"的学生,这种狭隘的"听话"是极其危险的,最终会影响到教学效果。

管理要有艺术性,课堂教学中不仅要让学生学会管理和控制自己的行为,还要让学生学会管理和控制认知。教师要实现课堂教学的有效性就必须掌握课堂管理的技巧。课堂管理是教师在课堂教学过程中根据教学目标或任务要求,运用教育学、心理学、管理学的知识和技能,遵循一定的原则,采取一定的方法和措施,建立良好的课堂教学环境,调动学生的兴趣、情绪、求知欲,对教学活动实施调控的行为。

课堂管理的有效性是指教师为了有效地合理利用和分配课堂时间、保障课堂教学顺利进行,营造积极的学习氛围,采取一定的方式方法组织课堂活动、教学、课堂环境等诸方面因素。课堂管理的目标是教师运用教育艺术,随时洞察学生掌握情况,引领学生思维探讨,让学生有更多的时间并高效率地投入学习,让更多的学生投入课堂学习,实现学生自我管理。

(1)教师要加强对时间的有效管理。教师能在课堂上进行管理的时间主要指教学时间及其所包含的学生投入时间和学生学业学习时间。课堂时间中最重要的是学生专注于学习的时间,这方面时间投入越多,学习效率和课堂效率就越高。教师的课堂管理应努力使学生在单位时间里争取将更多的时间用于学习。

(2)教师要加强对学生的有效管理。要使课堂管理有序地进行,要特别加强对人的管理,尤其是对被管理者——学生的管理。学生作为课堂管理的直接对象,存在鲜明的个体差异,诸如性格、接受能力、理解水平,等等。教师要充分调动这些形形色色的学生共同完成课堂教学目标的积极性,要让每一名学生尽可能多地投入课堂学习。

（3）教师要加强自我教学的有效管理。课堂管理除了学生之外，还应该加强对自我教学行为的监控管理，教师的教学手段灵活多样，富有实效，课堂教学环节紧凑，教学过程流畅，学生的积极性被充分调动，专注于课堂学习，课堂管理的效率自然大增。所以，教师要加强对自身教学行为的有效管理，实现课堂教学目标。

（4）帮助学生实现自我管理。"授之以鱼不如授之以渔"，课堂管理的终极目标在于把管理者——教师的管理理念内化为被管理者——学生自觉的行为和习惯化的自我控制能力，从而实现课堂教学的顺利进行。课堂管理中，教师要加强对学生自我管理能力的培养，加强对自主、合作、探究学习能力的培养，让学生真正成为课堂的主人，把教师的管理理念内化为学生自己的行为方式和习惯，这样的课堂才是理想的课堂。

3. 课堂组织管理有效性的特征

（1）课堂严谨科学、井然有序，师生关系和谐、民主、融洽。在我们传统的课堂管理中，教师处在管理者的权威地位，主宰课堂，师生之间是"教与被教""管理、控制与被管理、被控制"的关系，教师处在知识的拥有者、管理者、传授者的高高在上地位，学生处在被动地接受知识、被动地服从管理的地位，不动脑子，思维训练较少，课堂低效，师生之间存在着不可跨越的沟壑，极大的差距形成了师生关系的不平等。教师常常把学生放在"我教你学""我讲你听"的地位，课堂教学追求管理者（教师）唯一的解读并以统一所有被管理者（学生）的认识，学生很少根据自己的理解发表见解。这种管理者指挥被管理者，教师牵着学生走、学生围着老师转的"以教定学"的方式，使学生被动学习，学习兴趣减弱，缺乏自主性，大部分学生经常处于被动接受的地位，出现死读书现象，学习的快乐感受少，形成了教师指挥学生的尴尬局面。师生之间缺乏平等、合作、交流，课堂教学与管理缺乏生机和活力，实效性更是无从谈起。在有效的课堂管理中，教师要结合新课标重新进行角色定位，教师应该明确为学生学习的组织者、引导者、合作者、帮助者，是始终与学生平等的对话者，教师是平等中的首席，是学生学习的引路人。新课标强调要树立学生的主体地位，明确指出学生才是学习的主人，学生是有能力学习好的。同时，学生是相对独立的个体，教师在教学管理中一定要尊重学生，从学生的需要出发，学生与教师在课堂管理体系中是平等的,学生应当得到尊重。只有深入学生内心,和学生做朋友,打开学生的心扉,学生才能够热爱学习。

(2)课堂教学过程完整、生动、流畅,学生思维活跃,注意力集中。现实课堂教学中,个别教师时常会因为维持课堂纪律、组织教学、介绍课堂活动规则等原因,中断课堂教学,导致课堂教学目标没有如期实现,教学任务没有按时完成。学生掌握知识、获取能力也受到不同程度的影响。有效的课堂管理应追求课堂教学方法得当,教学手段灵活,教学过程完整流畅;学生学习积极性得到充分调动,思维活跃,注意力集中,课堂气氛活跃,学生能力能得到全方位的提升。

(3)教学结果实现师生双赢,教学相长。教师和学生是课堂的主体,课堂管理的最终目的是实现人的发展,也就是学生学习能力、学业成绩的提高和教师教学水平的提升。有效的课堂管理应该使学生和教师都能从中受益,实现师生双赢,教学相长。师生共同实现了课堂管理的目标与任务。

4. 提高教师课堂教学管理有效性的基本措施

(1)课堂教学方法的有效性

教师的课堂教学方法是否有效直接影响课堂管理的有效性,决定着课堂教学质量的高低。教师可以采用学生喜欢的教学方法来提升课堂管理的水平,如体验式教学方式。教师精心创设活动情境,通过游戏体验、角色扮演、情境体验、现实体验,让学生深度参与课堂教学。体验教学有其独特优势,在体验过程中,学生的学习不仅要用自己的脑子去想,而且要用眼睛看,用耳朵听,用嘴说话,用手操作,用心灵感悟,它收获的不仅仅是对知识的理解,而是学生在亲身体验中真正实现了对知识的内化和认同。通过这种方式,学生的注意力集中在学习上,课堂管理问题就会迎刃而解。情境式教学也是深受学生欢迎的一种教学模式,它对于调动学生学习的积极性、参与性,对于提高教学的实效性起了重要作用。巧妙的情境创设,可以吸引学生注意力,调动学生参与学习的积极性。教师必须要转变教学方式,随之学生的学习方式也会发生变化。学生变被动听课为主动参与,影响课堂秩序的行为就会减少。从实际出发,围绕教学目标,多为学生创设积极有效的教学情境,把学生学习知识的过程变成探究问题、小组合作的过程,激发学生的好奇心、求知欲,使学生真正成为课堂的主人。这样,课堂就变得生动、精彩、有新意。教师教法上灵活多样,有变化,可以让学生更多地参与教学,主动学习。可以应用讨论、质疑、竞赛、表演、查阅资料、访问调查、学生讲课等学生喜欢的方法。同时,注重教学手段的多样化,板书、模型、投影、录音录像、多媒体等要适时应用;教学语言应生动、活泼、简洁、幽默、有感染力。在课堂上,学生充分参与,形式多样,那么学生对课程也会兴趣盎然。一节课堂纪律好的课,必定是一堂精彩的课。这样的课堂不仅学生注意力集中,发言踊跃,教师也一定是妙语连珠、穿针引线。要想我们的课堂上也如此,应该从以下几点努力:加强对教学节奏、课堂段落和学生注意的管理调控。改进课堂交往结构、提高学生参与比率。满足学生自主学习的需要,让学生设置学习目标、体验成功,教给学生好的学习方法、提高学生的自我效能感。精心设计每堂课的内容和活动程序,利用问题控制课堂行为,但问题必须丰富多彩,意味深长。运用模式控制、目标控制和评价控制等控制方法,培养学生自我控制的能力。随机应变,提高课堂应变技巧,合理运用注意转移法、随机发挥法、幽默法、宽容法、设疑法等方法灵活处理课堂教学中发生的偶发事件。从实际出发,围绕教学目标,多为学生创设积极有效的教学情境,把知识变成问题,把过程变成探究,把练习变成合作,把检测变成竞赛,从而引发学生的好奇心、激起学生的求知欲望、点燃学生的学习热情,把课堂还给学生,让学生带着急切的心情投入到新知识的探索中。这样,课堂就变成了生动的课堂、互动的课堂、精彩的课堂、创新的课堂。

（2）课堂时间管理的有效性

课堂时间管理是教师管理能力的重要方面,教师课堂时间管理的效率直接影响到学生的学习效率,进而影响到学生的学业成绩。因此,教师要通过有效的课堂时间管理,确保存在个体差异的学生都能够高效地利用课堂时间,高质量地完成学习任务。

课堂时间管理就是对课堂单位时间的合理分配、利用,以期顺利、高效地完成课堂教学目标。西方学者早在 20 世纪初就提出了课堂时间管理的研究课题,认为时间是影响课堂教学成效的重要变量,其中对课堂时间管理进行系统而富有成效研究的首推卡罗尔,他在 1963 年发表的《学校学习的一种模式》中提出课堂时间管理包含如下三层含义:一是教师要具备教学时间管理理念,合理分配既定教学时间,充分有效地利用学生的用功时间;二是教师要熟知学生的个人能力倾向,做到因材施教,减少在同步教学中学生的个体差异造成的无谓时间消耗,如同样的教学内容和同样的教学时间,个人能力强的学生会感到时间多余,而个人能力弱的学生则感到时间不足;三是教师要努力提高自身的教学水平,延长学生乐于学习的时间。

课堂时间管理存在着很多问题,主要表现在教学实践中,部分教师对课堂时间的管理认识模糊,理解不到位。具体如下:

一是时间分配不合理。个别教师对课堂时间的管理认识比较肤浅,通过延长学生的学习时间来达到提升学习效果的目的,不注重时间分配的主次性,经常延长下课时间。这种做法只能是给学生增加额外的学习负担,对于提高其学习质量来说收效甚微。

二是学生注意力集中、专注时间不足。学生注意力集中、专注学习是教学质量的根本保障,也是学生知识、能力发展的基础。有些教师过分追求课堂教学方法的多样性和课堂气氛的活跃,课堂教学环节设计安排了各种各样的学生活动,课堂气氛十分热烈,教学手段也多样,却过多地占用了有限的课堂时间,教学环节一带而过,流于形式,学生专注学习的时间不足,特别是留给学生自己表达、练习、运用、探究的时间太少。

三是不必要时间消耗过多。个别教师自身教学和管理水平不高,不会有效合理地安排课堂教学环节,课堂教学枯燥乏味,造成课堂秩序混乱,教师常常要中断教学来维持秩序。还有的教师课堂教学重点不突出,课堂活动又挤占了过多的时间,冲淡了主要教学任务,学生必要的接受学习时间得不到保证,影响到了教学的整体质量。

四是时间利用效率偏低。课堂教学中的任何一种时间管理都涉及效率问题,像组织教学、引导学生自主学习、维持课堂秩序等,低效率是不可取的,教学活动中如果时间利用效率过低必然会影响其他的教学环节。

课堂时间管理的对策。

课堂时间是固定的 45 分钟(抑或是 40 分钟),如何有效地利用好有限的时间完成教学目标?笔者认为应从如下几个方面解决:

①科学合理分配教学时间。一节课,教师要合理分配时间,留给学生较充

足的学习时间,要注意把握好时间的"度",学习时间过多,学生就会疲惫、厌烦,时间利用率就会降低;同时,所有的课堂活动,教师都应引导学生围绕教学目标进行,减少课堂管理、组织教学的时间。课堂管理的目的是保障课堂教学顺利进行,如果教师将过多的时间用在了组织教学和课堂管理上,就会挤占学生的学习时间,学生的学习效果就会大打折扣。

②"专注学习时间"要得到有效保障。学生"专注学习时间"对学习效果有着决定性作用。教师应通过设置悬念,进行生动形象的教学,充分调动学生学习积极性,培养学生的课堂学习注意力,促使学生的课堂时间尽可能多地转变为"专注学习时间"。

③无谓消耗的教学时间要最小化。教师要确保课堂时间的高效利用,必须减少一切与课堂教学无关的时间消耗。具体而言,一节课开始,要使学生迅速进入学习状态,尽量减少教学活动的过渡时间。教师要恰当地安排不同教学环节,课堂节奏紧凑有序,以免浪费课堂教学时间。此外,教师要提前做好各种课前准备工作,以保障教学活动的顺畅。

④既定教学时间利用要高效。教师要善于把握最佳教学时间,关注每个学生的"最近发展区"。现代心理学认为,学生在课堂上的学习是一个不断获得并加工信息从而不断调节、完善认知结构的过程。课堂信息量过少,环节松散,会导致时间的浪费;信息量过多,密度过大,超越学生的接受能力,学生因不能吸收消化而有挫折感,会使其丧失学习信心,教学效益自然低下,也是浪费时间。因而,教师要采取分层教学,注重学生的个体差异,保证不同程度的学生都能够获得能力的发展。

(3)课堂组织的有效性

良好的课堂气氛,能使学生学得轻松、思路开阔。积极、良好的课堂氛围应该是教师全身心投入,学生全神贯注,师生之间交流融洽,学生思维活跃,教学效果良好。这就要求教师通过一定的有效的方式方法,营造出一种民主、和谐的课堂氛围,进而提高课堂管理的效率。

①注重培养学生学习兴趣。兴趣是最好的老师。学生有了兴趣,就会积极主动去学习。学习是一件苦差事,需要投入很大的精力,如果学生对所学科目或内容产生了兴趣,学习中遇到了难题,就会想方设法去思考、去解决,学习

就会转化成为学生内在的需求。精彩的课堂导入,可以激发培养学生学习的兴趣。通过巧设悬念、名人轶事、名人名言、时事热点问题等方法导课可以创设情境,引人入胜。此外,教师的课堂提问、课堂教学环节设计、合作、探究式学习等,都可以激发和培养学生的学习兴趣。

②注意教学方法的创新。"教学有法,但无定法。"在教学中使用新的方法,能够调动学生的无意注意,教学中发人深省的提问、巧妙的板书设计、新颖的直观图示,无不具有引人入胜的魅力。

③注意赏识、鼓励学生。训斥只会压抑心灵。只有欣赏、激励才能开发人的潜力,只要把常识的教学理念运用到实际的活动中,一定会取得成功。记得班里有个孩子,性格很内向。语文、数学、英语三科成绩都是在三四十分徘徊。老师们经常给他补课,成绩就是上不去。后来,我发现他对学习不怎么敏感,干脆就不补了,但是在课堂上我经常会关注他。比如:很简单的问题,别人已经回答过了,我再让他回答,趁此机会表扬他。他语感不强、发音不准,但我经常会在他回答问题后说:"嗯,不错,差不多对了,加油。"这时不仅把全班同学逗乐了,他也很开心,经常会在回答问题之后,信心满满地听课。一段时间过后我发现经常他会在我提前到教室上课的几分钟,和我说他记住了哪些单词,我也会趁此机会让他读给我听,然后说:"嗯,比上次读得好。"其实,他的读音离标准读音还差很远,但是我想抓住他对英语短期成就的好奇来培养他对英语长久的兴趣。在我的意料之中,在一次单元测验中,他及格了,期末考试他还考了七十多分。那时,我感到很欣慰。有时,老师一个肯定的眼神、一句赞美的话语足以成就孩子的一生。有时也因为老师的一句责骂、一次体罚毁了孩子。营造良好的课堂气氛的方法不胜枚举,最重要的是教师要充分发挥主导作用,转变教学观念,优化课堂结构,充分调动学生的学习积极性,用良好的课堂气氛取得最佳的教学管理效果。

(4)课堂规则制定的有效性

如何维持课堂秩序,如何掌握课堂秩序的"度",一直都是摆在大多数教师面前的挑战。课堂规则或者说课堂规范,是学生进入课堂和参与课堂各项活动应遵守的一种规范。课堂规则是课堂管理中最普遍、最常遇到的问题。师生进入课堂,就不可避免地会涉及课堂中的规则,并不自觉地受到课堂规则的影响。活动必须有规则,有了规则,活动才会有序和有效,形成心理上的稳定感;规则可以极大地释放师生的主体性、创造性和教育性,提高课堂管理效率;规则可以重树教师管理课堂的威信,产生积极的教学效益。制定课堂规则前,教师首先要和学生一起讨论为什么制定全体学生一致遵守的课堂规则这么重要。讨论的主题,应围绕学生遵守这些课堂规则得到的益处展开,比如,如果每个人都各行其是,课堂就会变得一片混乱,不能进行有效的学习。有些教师让学生参与到课堂纪律的制定过程中来,以提高学生作为纪律制定者的荣誉感和对自己行为的责任感。制定课堂规则,要在观察学生表现的基础上,针对性地提出初步方案,并组织学生共同讨论。学生必须一致遵守这些由全班共同认定的行为标准。这样做不仅是为了符合民主程序,更在于让学生了解规则制定的价值意义,了解规则的内涵,进而实现认同、接纳、内化,成为自觉的行动。不理解、不认同,也就谈不上自觉执行。建立课堂规则要明确:规则不能模棱两可,不是暗示做什么,而应该清楚地说明做什么。课堂规则以正面引导为主,多用积极的语言,表现出对学生的尊重和期望。规则应该少而精,抓住最基本的东西。如果一次制定得太多,学生一下子难以把握,很容易出现反感,教师也难以控制,规则的执行就会落空。没有规矩,不成方圆,课堂也不例外。但是,课堂上的规则并不单是为了维持秩序,除此之外,它还具有更多的作用。

①减少组织教学的时间。组织教学的课堂时间过多就会造成学生的学习时间相应减少。其实,每节课不需要重复地组织教学,过分地强调注意事项,教师之所以反复强调,是因为学生还没有形成规矩、养成习惯,因而做得还不是那么好。一旦有了好的规则,学生又通过训练掌握了规则,这些时间是完全可以节省下来的。因此,高效的课堂一定要制定有效的规则,并且让学生习惯于这些规则。

②提高学生学习的效率。一般情况下,对于教师安排的学习任务和提出的学习要求,总会有一些学生弄不清楚或理解不到位,如果教师的表述能力不强,弄不清楚的学生就会更多。而有了明确、细致的课堂规则,学生熟知课堂教学环节的程序安排和学习要求,即使教师组织不到位,学生也会知道如何按既定的要求进行活动,不会出现学生不知所措的情况。另外,课堂上许多学生

接到教师的指令之后,总要磨蹭一段时间再开始行动,进入状态比较慢。如果出现这种情况,教师要通过规则对学生加以约束,让学生明白如果教师发出指令后不立即行动是违反规则的,此外还需要通过专门的强化训练使学生形成对指令快速做出反应的条件反射。

③形成良好的学习环境。在良好的学习环境中,师生人际关系是平等、自主和谐的,充满心理安全感,有积极向上的情感态度。以往的很多课堂上,教师就是规则的化身,这就使规则不仅带有非常浓烈的个人色彩,而且具有很大的随意性。这种情况下,学生会自觉不自觉地去迎合教师,因此,师生之间的平等不会存在,学生也不可能有真正的自主。只有制定好规则,在规则面前人人平等,学生才能最大限度发挥个人的主观能动性。规则的作用之一在于强化课堂行为,理想的状态是把规则逐步内化为学生的自觉行动,而当学生专注于应该做的事情的时候,也就无暇于不该做的事情了。积极向上的学习环境自然生成,在这样的环境下,每个学生都会产生积极的学习动机,掌握学习的主动权。

④提高学生的道德水平。制定规则不是为了抓住学生的错误,对他们进行惩罚,而是为学生检查自己的行为提供指导或参照。如果没有这样的观念作为指导,规则就会沦为对学生制裁的辅助工具,而不是对学生教育的有效手段。从提高学生道德水平的角度来说,理解规则比执行规则更为重要。当有违反规则的行为发生后,教师应该帮助犯错误的学生分析发生行为的动机以及该行为会产生的后果,让学生更加深刻地理解规则。过分强调处罚通常会掩盖动机和态度方面的问题。从某种意义上来说,以处罚为主的教育不利于学生形成高尚、更具社会价值的道德水准,它只会使道德水平的发展维系在一个较低的水平上。

三、综合实践活动组织能力训练

综合实践活动课程作为一门国家必修课程,没有传统意义上的"教材",即使有"资料包",也不能按照传统方法进行讲授,教师必须引导学生共同设计。设计前必须做大量的准备,包括了解学生、课程资源调查及相关条件的准备,教师自身相关知识能力的准备。这是综合实践活动设计的基础工作,也是综合实践活动获得成功的前提条件。

综合实践活动是新课改催生的新的课程形态。因其充分回应了素质教育的现实要求,遂成为新课改的一个亮点。然而,由于没有课程标准(只有指导纲要)、教材、教参,没有专职教师,如何设计和实施一直是个难题。检视综合实践活动课程设计实例可以发现,许多学校在综合实践活动课程设计中存在两种取向:一是"年级本位"取向,即立足于某一年级设计课程,年级与年级之间缺乏关联,缺乏衔接;二是"阶段本位"取向,即立足于小学、初中、高中某一阶段设计课程,三阶段之间互为壁垒,各自为政。这两种取向的课程设计均没有从整体、从全局出发设计综合实践活动课程,致使综合实践活动课程条块分割,无法有机联系。条块分割设计会人为割裂综合实践活动课程本身的完整性,其弊端显而易见。首先,不利于综合实践活动课程的发展。综合实践活动课程常态化实施是其持续发展的动力。综合实践活动课程作为从小学到高中设置的一门必修课程,必须走常态化之路。只有开成像语文、数学那样的常规课程,综合实践活动课程才有生命力,才有可持续发展的动力。常态化实施要求从整体上规划课程,确定较固定的指导教师、活动场所和课时(每周3课时),并纳入学校常规课程管理。条块分割设计会造成年级之间、阶段之间彼此割裂,影响其常态化实施。其次,不利于学生的发展。教育是有目的、有计划地培养人的社会活动,课程作为教育内容,必须系统安排、精心规划。条块分割设计由于缺乏全局规划意识,所设计的课程难以切实适应学生身心发展,从而影响学生的发展。鉴于此,探讨综合实践活动课程纵向衔接就十分有意义。

目前,有的教师片面地认为综合实践活动就是让学生到教室外、校外去调查、访问、考察、活动,结果学生盲目活动,缺乏真正的深度体验;有的根据综合实践活动课程课时集中与分散灵活使用的原则,将综合实践活动集中在寒暑假开展,结果缺乏教师过程指导;有的教师以学科教学方式指导综合实践活动,导致课堂教学预设过多;有的教师将课堂全部交给学生干部主持,缺乏及时指导,学生课堂活动流于形式。

第二节 语言表达能力训练

一、语言表达基本能力训练的意义

(一)教师较强的语言表达能力是课堂取得成功的重要因素

教师的讲解、解释、示范、引导都离不开语言的表达,教师的语言是否准确、清晰、生动、有趣,直接影响到课堂的效果和学生的接受程度,而且,教师的语言表达能力直接影响到课堂内容的传递。教师需要将复杂的概念、抽象的理论、深奥的知识用通俗易懂的语言表达出来,使学生能够理解和掌握。这就需要教师具备深厚的知识功底和熟练的语言表达能力。其次,教师的语言表达能力直接影响到课堂氛围的营造。教师的语言是否富有感染力,是否能调动学生的情绪,是否能激发学生的学习兴趣,都会影响到课堂氛围。这就需要教师具备丰富的情感表达能力和独特的语言魅力。

(二)教师语言表达能力的高低将直接影响学生对知识接受的多少

教师是知识的传授者,也是学生的引导者,他们的语言表达能力直接影响到学生对知识的理解和接受。首先,教师的语言表达能力决定了学生对知识的理解程度。如果教师的语言表达能力强,能够清晰、准确地讲解知识,学生就能更好地理解和掌握知识。相反,如果教师的语言表达能力差,讲解不清楚,学生就很难理解和掌握知识。其次,教师的提问、引导、点拨都需要通过语言来实现,教师的语言是否具有启发性,是否能激发学生的思考,是否能引导学生深入学习,都会影响到学生的思维发展,教师的语言表达能力强,能够启发学生的思考,就能引导学生深入学习,促进学生的思维发展。可见教师的语言表达能力的高低,将直接影响学生对知识的接受多少,这是教师必须重视和提高的重要能力。

（三）教师较强的语言表达能力是培养学生多种能力的重要途径

首先，教师通过清晰、准确、生动的语言讲解和解释，可以引导学生深入思考，激发学生的思维活力，从而提高学生的思维能力。同时，教师的语言表达能力也可以培养学生的逻辑思维能力和批判性思维能力。其次，教师的语言表达能力是培养学生情感表达能力的重要途径。教师通过富有感染力的语言表达，可以引导学生理解和表达自己的情感，培养学生的情感表达能力。同时，教师的语言表达能力也可以培养学生的同理心和人际交往能力。再次，教师的语言表达能力是培养学生创新能力的重要途径。教师通过独特的语言表达，可以引导学生创新思考，激发学生的创新思维，从而提高学生的创新能力。同时，教师的语言表达能力也可以培养学生的创新意识和创新精神。因此，教师应重视自身的语言表达能力，通过不断的练习和提高，使自己的语言既准确又生动，既富有感染力又具有启发性，以培养学生的多种能力。

二、新课标对教师语言表达能力的要求

2001年，教育部下发了《基础教育课程改革纲要（试行）》（以下简称《基础教育课程改革纲要》），标志着我国迎来了新一轮基础教育课程改革。《基础教育课程改革纲要》在教学过程、教材开发与管理、教学评价等方面对小学教师提出了更高的要求。在新课程理念逐渐为广大师生所接受的今天，培养出来的学生如何才能符合新课改的要求，也是小教专业在培养过程中必须解决的一个问题。《基础教育课程改革纲要》在"基础教育课程改革的具体目标"中指出："改变课程实施过于强调接受学习、死记硬背、机械训练的现状，倡导学生主动参与、乐于探究、勤于动手，培养学生搜集和处理信息的能力、获取新知识的能力、分析和解决问题的能力以及交流与合作的能力。"教师在教学过程中应与学生积极互动、共同发展，要处理好传授知识与培养能力的关系，注重培养学生的独立性和自主性，引导学生质疑、调查、探究，在实践中学习，促进学生在教师指导下主动地、富有个性地学习。教师应尊重学生的人格，关注个体差异，满足不同学生的学习需要，创设能引导学生主动参与的教育环境，

激发学生的学习积极性,培养学生掌握和运用知识的态度和能力,使每个学生都能得到充分的发展。可以看出,《基础教育课程改革纲要》不但要求教师提高素质、更新观念,也给了教师角色一个全新的定位,就是教师要从传统的知识传授者变成教学活动的设计者、组织者,学生学习过程的参与者、合作者、引导者和促进者。教学过程不应只是教师向学生的单向信息输送而更应该在师生的沟通与"对话"中进行教师角色的转变。观念的更新在于教师口语的转变。传统的"一言"的课堂模式所体现出来的是教师在教学过程的绝对统治地位,教师的口语多是讲解性的,而新课程要求教师的口语主要是组织、指导、激发学生学习,能调控课堂的学习速度和节奏。这就要求教师必须要具备更强的口语技能,才能较好地完成教育教学任务。

三、语言表达能力培养的基本方法

语言表达能力的强与弱是一个人综合素质的体现,是由多方面因素构成的。教师要想具有良好的语言表达能力,就必须具有广博的科学文化知识、较高的理论水准与哲学修养、深厚的文学修养,同时还要掌握一定的语言发声知识技能。

(一)具有广博的科学文化知识

在当今这个知识爆炸的时代,拥有广博的科学文化知识已经成为人们追求卓越的重要标志。广博的科学文化知识不仅能帮助我们更好地理解这个世界,还能为我们的生活带来无尽的可能性。广博的科学文化知识能让我们更好地理解自然界的奥秘。例如,牛顿的万有引力定律解释了地球上的重力现象,而爱因斯坦的相对论则揭示了时间、空间和物质之间的奇妙关系。这些伟大的发现不仅丰富了我们的科学知识,还激发了我们探索未知世界的热情。

广博的科学文化知识能帮助我们解决现实生活中的问题。例如,医学知识的发展使人类能够治愈许多曾经无法治愈的疾病,如霍乱、疟疾等。同时,现代科技的发展也为我们提供了更加便捷的生活方式,如智能手机、互联网等。这些都得益于广博的科学文化知识的积累和应用。广博的科学文化知识还能激发我们的创造力。例如,艺术家们常常从科学原理中汲取灵感,创作出令人叹为观止的作品。例如,达·芬奇的《最后的晚餐》中的透视技巧,就是受到数学家们对透视原理的研究启发。这些例子表明,广博的科学文化知识不仅能丰富我们的生活,还能激发创造力。广博的科学文化知识是在这个竞争激烈的世界中取得成功的基石,应该珍惜这些知识,努力学习和传播,让更多的年轻人受益于科学文化知识的熏陶,为人类的进步贡献自己的力量。

(二)具有较高的理论水准与哲学修养

具有较高的理论水准与哲学修养的人,往往具备深厚的知识储备和丰富的内涵。他们能够站在更高的层次上,对各种问题进行深入的思考和分析。这类人通常具有较强的逻辑思维能力,能够从多个角度审视问题,从而得出更为全面和准确的结论。

在现实生活中,可以看到许多具有较高理论水准与哲学修养的人。例如,一些著名的学者、教授和作家,他们往往具有深厚的哲学底蕴,能够从哲学的角度对社会现象进行剖析。他们往往独具慧眼,深入浅出,为我们提供全新的视角。具有较高理论水准与哲学修养的人,往往具备较强的判断力和决策力。他们能够在复杂的情况下,迅速找到问题的关键所在,从而做出明智的决策。这在商业领域尤为重要,一些成功的企业家和领导者正是凭借着深厚的哲学修养,带领团队走向成功。具有较高的理论水准与哲学修养的人,他们的人生往往更加丰富多彩。他们能够在平凡的生活中发现不平凡的价值,从而实现自我提升和人生价值。

(三)具有深厚的文学修养

具有深厚的文学修养的人,往往具有丰富的知识储备和独特的审美能力。他们能够熟练地运用各种修辞手法,如比喻、拟人、排比等,使文章更加生动有趣。他们擅长从经典文学作品中汲取智慧,将这些智慧融入自己的写作之中,使作品具有深刻的思想内涵和丰富的情感色彩。在阅读方面,具有深厚文学修养的人往往具有广泛的阅读兴趣和较高的阅读品位。他们不仅关注本专业的书籍,还涉猎各个领域的经典名著,从中汲取养分,丰富自己的内心世界。他们的阅读不仅局限于纸质书籍,还包括电子书、有声书等多种形式,使自己在快节奏的生活中也能保持阅读的热情。具有深厚文学修养的人能够运用娴熟的文字技巧,将自己的思想和情感淋漓尽致地表达出来。他们的文章既有逻辑性,又有感染力,能够引起读者的共鸣。他们的散文、诗歌、小说等作品,既具有个性的风格,又展现出广泛的人文关怀。在交流方面,具有深厚文学修养的人能够用优雅的语言进行有效沟通。他们善于用词语和句子的组合,将自己的观点表达得清晰明了。他们的语言既有礼貌,又有力量,能够在各种场合下展现出自己的才华。具有深厚的文学修养的人是充满魅力和智慧的存在。他们的知识、才华和气质,都是他们在社会中独树一帜的资本。

(四)学习语言发声知识,提高语言表达技巧

一个人的语言表达能力的强与弱与先天生理因素有一定关系,但主要取决于后天的学习与锻炼。学习语言发声知识,掌握一定的语言发声技巧对于增强语言表达能力、提高语言表达效果是大有裨益的。

1. 声音明亮、清晰、圆润、优美

在教育领域,播音和主持人的语言发声标准同样适用于教师的教学语言。作为教育工作者,我们应该不断地学习和掌握一定的播音、主持知识和技巧,以提高自己的教学水平。在教学过程中,我们需要确保发音的准确性、规范性和清晰度,同时声音要明亮、圆润、生动和优美。这些要素将为教学语言增添丰富的色彩和无尽的魅力。例如,一位优秀的语文教师在讲解古诗时,他的发音准确、规范,声音明亮而富有感染力,能够让学生更容易理解和欣赏古诗的美感。

2. 语速快慢得体,强弱适宜

演讲、做报告,特别是授课,是一门艺术,需要我们用心去雕琢。在这一过程中,语速的掌握尤为重要。如果语速过快,就像放连珠炮一般,听众可能会听不清楚,跟不上我们的思路,甚至不知所云。这样的演讲效果自然大打折扣。相反,如果语速过慢,断断续续,前言不搭后语,听众会觉得语言表达不流畅,对讲解的内容理解得不透彻、不熟练。因此,在讲课过程中,需要恰当地把握好语速,防止语速过快或者迟缓。观察听众的反应,适时调整自己的语速。

3.声情并茂,富有感染力

声情并茂、富有感染力地进行论述,首先需要具备良好的语言表达能力,能够清晰、准确、生动地表达自己的观点。同时,还应具备一定的情感表达能力,能够根据论述的内容,适时地调整自己的语气、语速、语调,使论述更加生动、形象。在进行论述时,要有条理、有层次地展开论述,使听众能够清楚地理解你的观点。同时,要注意论述的连贯性,使论述的过程更加顺畅。在进行论述时,要尽量选择一些新颖、独特的观点,避免陈词滥调。同时,要注意收集一些新的论据,使论述更加有说服力。在进行论述时,要尽量与听众建立良好的互动关系,使听众更加关注你的论述。同时,要注意观察听众的反应,根据听众的反应调整自己的论述方式,使论述更加具有感染力。要想进行声情并茂、富有感染力的论述,需要具备良好的语言表达能力、情感表达能力、逻辑性、内容的新颖性和与听众的互动能力。只有这样,才能使自己的论述更加生动、形象、有说服力。

第三节　信息技术应用能力训练

一、转变观念,提高认识信息技术

(一)提高教育队伍中对教育信息化的认识

教育信息化是 20 世纪 90 年代伴随着信息高速公路的兴建提出来的。其内涵是将信息作为教育系统的一种基本构成要素,并在教育的各个领域广泛利用信息技术,促进教育现代化的过程。教育信息化过程不能简单地认为是信息媒体和信息技术的引入过程,而是教育思想、教育观念转变的过程,是以信息的观点对教育系统进行分析的认识过程。教育信息化的主要特征可以从技术层面和教育层面加以考察。从技术上看,教育信息化的基本特征是数字化、网络化、智能化和多媒体化。从教育上看,教育信息化的基本特征是开放性、共享性、交互性与协作性。教育信息化是国家信息化的重要组成部分、教育发展中的重要战略任务,也是实现教育现代化追求的目标之一。许多国家和地区相继制订了推进教育信息化的计划,如美国《面向 21 世纪教育行动计划》、新加坡《资讯科技在教育上的应用总蓝图》和我国《面向 21 世纪教育振兴行动计划》等。

要积极有效地向当地政府及教育行政领导宣传有关文件和中央领导的讲话,使他们深刻认识到加快培养和提高中小学教师信息素养对当地社会发展的重要性和紧迫性。走出一条科技含量高、经济效益好、资源消耗低、环境污染少、人力资源优势得到充分发挥的新兴工业化路子。推进产业结构优化升级,形成以高新技术产业为先导,基础产业和制造业为支撑,服务业全面发展的产业格局。优先发展信息产业,在经济和社会领域广泛应用信息技术。通过宣传和学习,地方政府和教育行政领导既能从中华民族伟大复兴的高度认识到在小学普及信息技术教育的重要性和紧迫性,又能充分认识到开展好信息技术教育也是发挥后发优势,实现地方生产力、现代技术及基础教育跨越式发展的有效途径和必由之路,从而树立起强烈的信息意识,为培养和提高中小学教师的信息技术应用能力提供思想上的保障。

(二)对信息技术的学习和运用能促进教师转变教育观念

教学观支配着教师的教学实践活动,决定着教师在教学活动中采取的态度和方法。由教师的教向学生的学转化是现代教学观所倡导的课堂教学实践方向。教师和学生是教学活动中的主体。教师是教的主体,其主体作用体现在对学生学习的引导与指导,即帮助学生实现认识过程的转化,从不知到知,并不断提高学生的学习兴趣,在此基础上引导学生运用知识,形成技能,发展能力。学生是学的主体,其主体作用体现在学生是学习的主人,即学生是教学过程中学习任务的承担者,是认识的主体,一切教学活动都要通过学生实施和落实。现代教学观要求使用发展的观点看待学生,着眼于调动学生学习的积极性和主动性,教给学生学习的方法,培养学生学习能力,即着眼于培养学生不断学习、不断探索、不断创新的能力,以适应不断变化的世界。

现代教学观不仅体现了社会和学生的要求,更是教师自己对角色价值、信念、态度、行为、规范的深刻认识,是教师的角色定位。信息技术运用于教学,改变了传统的教学观,要求教师在教育教学过程中能胜任多重角色:学生综合能力的培养者,学生学习活动的设计者、指导者,主动建构意义的促进者,教学活动的合作者、组织者、研究者。

(三)激发教师对信息技术的兴趣

目前,很多教师在课堂中使用信息技术是被动的,这不利于信息技术与学科教学的整合。要使教师积极主动地在教学过程中应用信息技术手段,必须激发教师对信息技术的兴趣。激发教师的兴趣,最主要的是创设一种计算机文化氛围。可以请专家来学校讲课,观摩示范教学,观看成功使用信息技术教师的录像等,使教师感受到现代信息技术的巨大作用,从而扩大自己的眼界,充分认识到一支粉笔、一本教材、一张嘴的传统教学模式已经不再适应信息时代和现代教育教学理念的要求。在此基础上,举办丰富多彩的活动,如电脑备课比赛、课件制作大赛或网页制作大赛等,鼓励每位教师积极参加,让参加的教师有成就感,并通过优秀作品展示来感染、熏陶其他教师,使广大教师从不会到愿意参与,从参与到积极主动学习,从积极主动学习到制作出实用的电脑作品,并在教学中尝到成功的喜悦,从而创设一种积极向上的信息化学习氛围。

二、充分利用信息技术与各学科课程的整合资源

(一)信息技术与课程整合的内涵

信息技术与课程整合,是指将信息技术融入课程教学中,使之与课程教学目标、内容和方法相互配合,形成一个有机的整体,这种整合旨在实现教育目标,提高教育质量,促进学生全面发展。首先,信息技术与课程整合可以实现教育目标。信息技术具有丰富的表现形式和强大的交互功能,可以帮助学生更直观、更深入地理解知识,提高学习效率。通过整合,可以使教育目标更加明确,教学过程更加规范,教育评价更加科学。其次,信息技术可以提供丰富的教学资源,丰富教学手段,提高教学效果。通过整合,可以使教学内容更加生动,教学过程更加流畅,教学评价更加全面。此外,信息技术与课程整合可以促进学生全面发展。信息技术可以提供个性化的学习资源,满足学生的个

性化学习需求,促进学生全面发展。通过整合,学生的学习更加多元,学习过程更加自主,学习评价更加公正。

(二)信息技术与课程整合的目标

信息技术以其丰富的表现形式和强大的交互功能,能够使教学内容更加生动,教学过程更加流畅,从而提高教学效果。例如,多媒体教学可以使抽象的概念变得直观,复杂的过程变得简单,使学生更容易理解和掌握知识。其次,实现教育目标也是信息技术与课程整合的重要目标。信息技术可以帮助学生更深入地理解知识,提高学习效率。通过整合,教育目标更加明确,教学过程更加规范,教育评价更加科学,例如,通过在线学习平台,可以实现个性化教学,满足不同学生的学习需求。此外,促进学生全面发展是信息技术与课程整合的核心目标。例如,虚拟现实技术可以提供丰富的实践机会,提高学生的实践能力和创新能力。同时信息技术与课程整合的目标是通过将信息技术与课程教学有机结合,提高教学效果,实现教育目标。这需要教师在教学过程中灵活运用信息技术,创新教学方法,以实现最佳的教学效果。

(三)信息技术与课程整合的方法

信息技术与课程整合的最终结果以综合学习形式出现,归纳起来综合学习的教学模式大致有以下三种:

1.基于问题(任务)的学习

以"任务驱动"组织教学过程的思想,是建立在建构主义教学理论基础上的。"任务驱动"教学法强调学生在真实情境中的任务驱动下进行学习,学习活动必须与大的任务或问题相结合,以探索问题来引发和维持学习者的兴趣,这一教学方法适用于培养学生的创新能力和独立分析问题、解决问题的能力。

2.基于方案的学习

在我国一般称之"研究性学习",它是对主题和专题做深入研究的模式,包括收集信息、加工信息、应用信息等过程。

3.基于主题(专题)的学习

"主题"是一个比较宽泛意义上的概念,"专题"是一个比较抽象的概念,有时也指更为具体的讨论。专题需要较多的计划,专题的发展即变成主题。包括制定主题、发现问题及为解决问题开展调查活动、报告会等过程。

第四节 教育研究能力训练

一、研究能力的培养和教学技能训练是高等师范院校及师范生不可偏废的使命

高等师范院校的教育目标是培养适应于中小学教育教学需要的合格教师,这种培养目标具有鲜明的动态性特点。动态性是指高等师范院校的培养目标不是一成不变的,它始终处于一种变化状态,因为"合格教师"的要求在不断调整,是与社会经济发展和人们生活的变化一致的。师范学生研究能力的培养和教学技能的强化,正是适应社会经济发展、人们生活变化、课程标准的颁布和实施导致的对"合格教师"要求的改变而促成的高等师范院校教育教学培养目标方面出现的新内容。

(一)研究能力是教师角色转变的重要内容

传统教师在应试教育的大背景下,以向学生灌输确定的答案为己任。按部就班、照本宣科就能很好地完成教学任务,甚至会成为一名优秀的教师,因为应试教育所提供的知识结论永远是"标准答案",而"标准答案"是不能容忍"歧义"的,因此,它不仅不倡导个性解读,而且无论是对学生还是教师的个人见解,都进行排斥和否定。在这样的背景下,趋向"标准答案"是教师共同的追求。新课程颁布和实施之后,对于教学内容的个性化解读和创造能力的培养成为课程实施的核心理念,探究性学习成为新课程对学生学习方式倡导的重要内容,新课程的这些内容和理念,从根本上否定了全灌输式的教育教学方式,颠覆了"标准答案"至高无上的地位,与此相应,教师的职能也发生了变化,由知识的权威和话语霸权者变为课堂教学的组织者和引导者。那么,如何组织和引导? 怎样才能做好组织和引导工作? 这对教师的能力、素养和观念都

提出了要求,仅从研究能力方面而言,如果教师不具备对教学内容个性化解读能力,就不能够正确地引导学生的个性化解读,如果教师没有或缺少科研能力,就不能够引导学生进行研究性学习。因此,在教师角色转变的大环境中,教师的研究能力是不可缺少的。

(二)技能训练是教师职前教育中职业教育特点的要求

受传统观念的影响,师范教育与研究型大学教育的区别仅仅在于多开几门教育心理学课程,以及一个多月的实习安排,造成教师职前教育的师范性遭遇了极大的萎缩,严重影响了高等师范院校的教育教学水平。教师职前教育是具有鲜明职业教育特点的,它的教育目标明确、具体,就是培养合格的、适应于社会发展需要的教育教学岗位的从业人员,人们之所以总是试图将师范教育与职业教育分割开来,就是师范教育与一般职业教育有其独特性,即一般职业教育社会岗位面对的对象是机器,而师范教育社会岗位面对的是成长和发展中的人,因此需要具备更为丰富和厚重的文化素养。但无论如何,面对具体的社会岗位,总是需要从业技能,面对人的教师职业更需要技巧。而技巧的形成,除了具体技术性训练之外,更要对具体的技术、能力进行有效而智慧的组合、灵活而有针对性的运用,因此,它比一般职业院校的技能训练要求更高。具备教育教学技能、技巧是合格教师的基础和快速适应社会岗位的前提,而技能技巧必须通过历练才能形成,所以,加大训练力度、增加训练内容、提高训练课程的比例成为提高等师范院校范生从业能力和水平必不可少的要求。

(三)研究能力与教育教学技能共同构成教师的素养

从宏观上讲,教师的素养主要体现在理论和实践两个方面,而研究能力和教育教学技能分别是理论修养与实践能力不同形式的结合。从研究能力方面讲,它是以充分的理论积累为主体的,通过思维能力的选择、分析、归纳,提出自己的观点,并运用语言表达能力进行呈现。教育教学技能则是以操作能力为主体,在教育教学理论的规范和指导下,通过具体的教学手段和教学方式,达成教学目标。研究能力与教育教学技能各有侧重,既相互矛盾,又相互补充,共同构成了教师的素养。

二、研究能力的培养与教学技能训练在实际教育中的缺乏

研究能力和教育教学技能是教师素养构成的不可或缺的因素,对于师范生适应社会岗位和从业效果具有决定性的价值和意义,因此,理所当然地受到重视。然而,由于人们观念和传统运行机制的影响,在高等师范院校的教育教学中,研究能力的培养和教育教学技能训练不足和缺乏是比较普遍的现象。

(一)研究性教学内容并未培养出研究能力

高等师范院校追求和模仿研究型大学的办学模式,使用研究型大学的通用教材,使师范教育的师范性严重缺失。但任何事物都有它的两面性,它对未来教师教育教学的研究能力的培养无疑是有积极意义的,然而高等师范院校教师素质和教育评价因素的影响,使所谓研究性教育教学方式并没有培养出师范学生的研究能力。一方面,从总体看,高等师范院校的师资与研究型大学的师资队伍存在着差距,尤其是高等师范院校扩招之后,引进大量的新人,工作量加大,使教师的科研能力和科研水平大大缩水,应付上课、照本宣科的现象在高等师范院校教师教学中比较普遍,不仅不能对学生研究能力进行充分的培养,而且在很大程度上萎缩了学科理论观点的内涵;另一方面,学校对教师科研能力的评价,也极大地影响了对学生科研能力的培养,在这方面,学校的做法往往存在着明确的矛盾,在整体目标的要求上,要培养合格的教师,要面向基层,要"好用""耐用",而对作为整体目标实现的重要支撑的教师科研却不看重,甚至轻看直接来源于基础教育和高中教育一线的成果,追求空泛的、玄虚的所谓"前沿成果"。这种脱离学生实际情况的研究对学生研究能力培养和形成造成两方面的阻碍,一是有难度,因为学生的知识基础毕竟存在着不足;二是没有直接意义,因为高等师范院校的学生,毕业后不是从事纯粹的研究,这种与实际教学脱节的研究对他们研究能力的形成和发展不会有直接的启发,因此,如果说高等师范院校有对学生研究能力的培养,这种培养也是与学生将来工作的需要不能完全相融的。事实上,高等师范院校这种对学生研究能力的培养和教师的教学内容,因为有不同的目的(一个是为评职称,一个是应对教学)而实际处于一种分裂状态,这也是高等师范院校研究性教学模

式并没有培养出学生研究能力的原因所在。

(二) 技能训练不足

高等师范院校是面对人的一种特殊的职业教育。它的复杂性在于从业过程中动态性、灵活性和应变性,因此,需要充分的研究能力,随时保持清晰的思维,灵活地运用技巧,恰当地进行应变。而作为职业教育的一种,它又必须遵循职业教育的规律进行充分的技能训练,教师从业的基本技能是具体的,也是师范生所必备的,因此,对学生进行教育教学技能训练是高等师范院校实现培养目标的基础和最为重要的内容。但就目前情况而言,高等师范院校对学生教育教学技能训练又是严重不足的,这体现出高等师范院校办学理念上的误区。首先,在数量上不足;其次,内容单调;最后,教育教学技能训练过于集中和靠后,时间安排不合理。

(三) 高等师范院校办学定位的模糊加重了两者的缺乏

追求研究型大学的办学模式,就漠视教育教学技能训练,大量实用型人才培养专业的引入,就漠视了研究能力的培养。在对不同性质学校的学习和借鉴中舍弃了其中有意义、有价值的因素,相反地,吸纳了其中背离教师职前教育办学定位的因素,从而加重了科研能力培养的难度和教育教学训练的不足。

三、师范教育中研究能力培养与教育教学技能训练策略

(一) 研究教师角色,分解素养构成,树立全新观念

教师职前教育的师范性并非单纯是教育学、心理学、课程与教学论教师的使命,而是所有专业课教师的使命。因此,专业课教师不仅要对专业进行研究,更要首先对中小学教师的职业特点和从业素养要求进行研究,要准确把握新课程理念,并以此为依据,结合专业课自身的体系内容确定教学的重点和难点。通过对教师从业素养的分析,总结本专业教学中存在着的弱点和不足,在教学中进行应对性改变,对专业课内容的研究,应基于教师职前教育的要求和高等师范院校的定位,对于专业内涵和发展方向进行理论提升,使研究成果既

有对实践的指导价值,又有前瞻性。当然,高等师范院校教师的研究要全员参与。培养师范生的研究能力,教师必须具备研究能力,只有任课教师都能够从自己专业角度对学生的研究能力培养进行示范和引导,才能使学生最终形成研究能力。

(二)研究范围从单纯的专业内容拓展至从事专业技能

高等师范院校教师的科研中本位主义十分明显,囿于专业课内容进行研究的情况比比皆是。研究型大学的痕迹鲜明,不利于师范性在教学中的落实,研究成果与教学需要处于悬空状态。为了改变这种局面,促成"研以致用",专业课教师应对中小学教师从业素养分解,将与专业课内容对应的素养因素作为对象进行研究。根据现状分析,提出实施方案,这种研究一方面为师范生在校期间认识将来职业的情况提供窗口,也为他们研究选题提供示范;另一方面,每一个专业教师都能从各自专业课的角度出发进行研究,不仅能培养学生形成研究意识,而且能够形成从专业角度对课程的个性理解和评价及由此而引发的教育教学技能的强化。

四、突出师范教育的职业特点,强化学生教学技能训练

教师职前教育是我国传统高等教育的重要内容。然而,由于教师职前教育大量借鉴一般高等教育的办学模式,长期采用研究性教学方式,使单纯的专业理论传授成为主体,教师职前教育的鲜明特点湮没在高等教育的共性之中,人们看到的教师职前教育除了开设的一些与教师职业相关的课程之外,其他方面已与综合性大学没有什么区别,这不仅导致了教师职前教育特点的丧失,而且直接造成教师职前教育人才培养质量的下降。因此,突出师范性、强化学生教学技能的训练,成为教师职前教育适应改革需要、回归教师职前教育本质刻不容缓的内容。

第五章　师范生双导师制视域下的教育实践能力

第一节　教师职业能力的类型与实现方法

一、表达能力

(一) 口头语言表达能力

我国教育事业从业人员的职业能力标准要求教师具有良好的口头语言表达能力，即在教育教学工作中，教师既能够做到熟练运用普通话，又能够进行准确流利的语言表达和交流，并做好培养学生语言能力的示范和教育工作。因此，高等师范院校的师范生培养工作必须将口头语言表达能力的训练作为培养师范生教师职业能力的基础工作之一。口头语言的表达能力包括普通话和口语表达能力两个方面，其中普通话是教师必备的职业语言，各类学校都要求教师在教育教学的日常工作中必须使用普通话；良好的口语表达能力为教师准确传达教学内容和教育思想提供了有力的保证。因此，在培养师范生的口头语言表达能力时，高等师范院校及师范生个体不但要给予足够的重视，而且要从普通话和口语表达能力两个方面着手。

1. 师范生普通话训练

普通话的训练是提高口语表达能力的前提和基础，师范生首先要讲好普通话。根据《高等师范学校学生的教师职业技能训练大纲(试行)》(以下简称为《大纲》)的相关规定：对高等师范学生的普通话训练，一般应当达到国家主管部门制定的《普通话水平测试标准》的二级，即能用比较标准的普通话进行朗读、讲课和交谈，师范生要有意识、有目的地进行普通话训练。在普通话训练的过程中,师范生要注重以下几个方面的学习:第一,了解发音基础知识,在方法上走出个人方言发音的盲区。通过学习普通话发音的相关生理和理论常识来掌握正确的发音方法,为进一步学习和掌握普通话的标准发音做好准备。第二,熟练掌握常用字词的标准读音,尽量摒弃地方口音。由于来自不同的生源地,很多师范生的口语发音中夹杂着各地的乡音,一开口就能听出来是北方人还是南方人,甚至是哪个地区的人。有些地方的口语发音与普通话发音存在着比较大的区别,师范生要想讲标准的普通话,就需要认真了解方言发音和普通话发音之间的主要差别以及变化规律,以此矫正方言的语音误区。第三,熟悉并扩大个人的普通话常用词汇量,注意使用规范的普通话日常用语。因为在大多数人的常用词汇量中,很多词汇属于地方用语,所以师范生在练习普通话的过程中,应注重方言词汇的辨别并尽量在教育教学实践中避免使用这些方言俚语。

对于师范生而言,尤其是对于来自方言口音比较浓重地区的师范生,练习讲标准的普通话并不是一朝一夕的事,而是需要学生从大一开始就进行有目的、有规律的学习和训练,逐渐地由不断练习说普通话发展到习惯说普通话,并且能够做到在发音和用语上基本标准,达到国家普通话水平的测试要求。在校期间,师范生可以通过多种途径训练自己讲普通话的能力。比如:师范生可以通过在图书馆借阅或个人购买指导普通话练习的相关教材来系统学习普通话基础知识;通过在网络上观看相关资料,观摩普通话的使用,这样不但可以变换学习方式,而且可以进一步细化学习内容;高等师范院校应该面向师范生设置教师口语选修课程,提供专业师资力量为师范生进行科学指导,同时师范生个体也应重视选修学校设置的相关语言类课程,主动接受来自大学教师的专业指导和训练;师范生还应积极参与相关的学校学生社团组织,如普通话兴趣小组,学生可以通过小组成员的互相带动来促进个人普通话的学习和掌握;师范生要重视普通话水平测试,学生应该按照测试要求认真准备测试内容,并通过测试准备进一步强化个人的普通话水平;方言较重的师范生群体是普通话训练的重点对象,不但要借助以上机会尽可能地练习普通话,更应该制订计划,坚持每天练习,善于辨别自己的语音误区,直至养成熟练地讲标准普通话的好习惯。

2. 师范生口语表达能力训练

师范生讲好普通话是提高口语表达能力的基础,二者并不是孤立的两个过程。只有普通话水平达到一定程度,训练师范生的口语表达能力才具有实际的意义。由于教师职业的工作内容具有特殊性,教师主要通过课堂讲授与课下指导促进学生在学业和思想上的进步与发展。无论是一次丰富多彩的课程教学,还是一次深入人心的情感交流,都离不开教师的良好口语表达能力。因此,在未来的教师工作岗位上,师范生只有具备较强的口语表达能力,才能够有效地组织教育教学内容并传达给学生。

根据《大纲》对高等师范院校学生口语表达能力的要求,师范生应该注重自己如下几方面的口语表达能力的培养:第一,注重个人口才的培养。教师不但要在授课内容的设计上做到思路清晰、详略分明,而且要在课堂上用准确、合理的语言表达出来,因此,课堂教学对教师的口才能力有着比较高的要求。第二,学习人际沟通的口语技巧。除了教学工作以外,教师还承担着教育学生的思想工作,其中语言沟通是主要的教育方式。教师只有掌握口语交流的沟通技巧,才能保证师生之间沟通的有效性以及促进学生精神层面的成长。第三,注意教育教学性质对师范生口语表达能力的特殊要求。除了一般性口语表达的基本特点外,由于教师工作面向的教育对象的特殊性,教育教学工作还要求教师注重口语表达的科学性、生动性和启发性等特点。

师范生口语表达能力的训练需要以普通话水平的提高为基础,也可以在口语表达能力的训练当中进一步提高个人的普通话能力,二者互相促进。高等师范院校及师范生个人应该在强化普通话训练的过程中,逐渐加大口语表达基本能力的训练力度。比如,重视师范生朗读、演讲能力的培养。朗读和演讲训练是比较基本的口语表达能力训练,师范生可以通过学习朗读和演讲技巧来提高个人的口语表达能力。口语表达基本能力的提高可以采用多种途径相结合。高等师范院校可以为学生创造一些良好的校园环境来促进师范生口语能力的培养。学校图书馆应该为学生准备朗读、演讲、教育教学口语等方面的书籍和音像资料,方便教师和学生的使用。另外,高校及各级分院应该鼓励各级各类学生组织围绕"提高学生语言能力"这一主题展开多种形式的校园活动,如朗诵比赛、演讲比赛、主持人大赛、辩论大赛等,还可以大力支持多元化口语类社团组织的发展,如诗歌团、话剧团等。

在关注师范生口语表达基本能力训练的基础上,高等师范院校也应重视学生教育教学口语能力的培养。首先,高等师范院校要重视提倡和监督大学教师群体的教育教学用语规范。专业教师有责任也有义务为学生做好教育教学示范工作,也要求师范生平时善于观察和模仿优秀教师的教育教学用语,学习常用的教师规范用语。其次,开设专业课程的教法课,为学生讲解并训练其如何在未来教师工作中科学、合理地运用教育教学语言。再次,在教育实习过程中,指导学生进行教育教学用语的实践,进一步强化学生的教师口语表达能力。最后,学校可以设置中小学生心理健康选修课程和师生沟通技巧选修课程,帮助师范生了解中小学生心理发展特点,指导其掌握基本的沟通技巧,从而提高师范生对中小学生的管理能力和教育能力。

(二)肢体语言表达能力

当人们在面对面交流时,除了口头语言以外,肢体语言是语言表达过程中很重要的组成部分。相关的研究结果表明,和口头语言相比,人们更倾向于相信肢体语言传达出来的信息。由此可见,肢体语言在信息交流的过程中扮演着十分重要的角色。教师的肢体语言主要是指在教育教学过程中,教师的手势、站姿以及其他身体动作所传达出来的信息。教师的教育教学过程是信息传递和交流的过程,在教师和学生面对面沟通时,学生不但通过听觉接收教师传递过来的信息,而且通过视觉上获得的教师肢体语言进一步强化信息。诚然,肢体语言不能像口头语言那样传递教育教学的具体内容,但是它在以独特的方式向学生传递着教师此时此刻的情绪情感。作为一名合格的人民教师,不但要在课堂教学时注意自己的教姿、教态,善于借助肢体语言更好地发挥教学效果,带动课堂气氛,而且要在进行学生的思想教育工作时,合理利用适宜的肢体语言来传达对学生的良好情感,以此拉近教师和学生之间的心理距离。

尽管从目前国内高等师范院校关于师范生教师职业诸项能力的培养情况看,肢体语言能力的培养并不受重视,但是我们不能因此回避它是语言表达能力的重要组成部分。教师的肢体语言能力的训练主要涉及哪些内容、师范生的教师肢体语言能力的培养工作应该从哪些方面着手以及师范生如何进行肢体语言训练的自我教育等问题,需要各级师范院校给予关注和有效解决,从而完善师范生语言表达能力训练的工作内容。

师范生个体可以通过提高自身的教师形象气质,观察和模仿优秀教师的教姿、教态以及学习人际沟通中的肢体表达技巧等方式锻炼自己肢体语言的运用能力。

(三)书面语言表达能力

教师的书面语言表达能力是指教师在教育教学过程中经常用到的文体的写作技能。它是教师职业能力的基本功。在日常的教育教学活动中,教师(尤其是文科类教师)要掌握规范的书面语言,才能真正做到有效指导学生的书面写作能力,并为学生起到示范作用。其他学科教师也应具备一定的书面语言能力,为日后教学教研成果的撰写打下坚实的基础。

高等师范院校应该重视师范生书面语言能力的培养,开设大学语文等相关课程,给予学生专业引导,帮助学生掌握标点符号的正确使用方法、学会撰写常用文体等,促进师范生书面语言能力的发展。在学生作业批改、论文指导过程中,专业教师也要加强对学生书面语言的规范和重视。师范生也应重视个人书面语言表达能力的提高,不但要端正学习态度,认真对待学校提供的优越的师资条件,而且可以通过课下查阅资料、增加优秀书籍文献的阅读量、参加征稿比赛、参与文学类社团活动、经常写作甚至尝试创作投稿等方式训练自己的书面语言表达能力。

二、文字能力

教师日常的教育教学工作离不开文字的使用,良好的文字能力是合格教师应具备的基本素质之一。教师的文字能力主要表现在两个方面,即汉字的规范性和文字的书写技能。汉字的规范性主要是指教师需要掌握国家对现行汉字确定的统一规范和标准,并在教育教学中严格地贯彻执行。文字的书写技能主要是指教师要养成良好的文字书写习惯,即写一手规范的好字,如日常教学经常会涉及的粉笔字和钢笔字。

文字是教师教学的主要工具,高师院校要重视师范生文字基本功的训练。

一方面要明确师范生文字能力训练的基本要求,《大纲》对师范生文字规范性和书写技能标准做了非常详细的规定。《大纲》指出师范生要树立用字规范的意识,掌握 3500 个常用汉字,笔画清楚,自觉纠正错别字,具体可以从以下两个方面着手训练:第一,了解国家语言文字工作的方针、政策,掌握汉字的规范标准;第二,掌握好现代汉语常用字,即掌握常用字的笔画、笔顺和字形结构,会读写和使用常用字等。《大纲》还进一步指出师范生要有意识地克服已经养成的不良书写习惯,着重培养个人良好的书写习惯。经过有目的、有计划的书写训练,学生应该能够做到书写姿势端正、字体整洁美观、间架结构合理等。有条件的学校可以进一步夯实学生的书法基本功。

另一方面,高等师范学校要在教学实践活动中大力促进学生文字能力的发展。除了前面提到的提高师范生书面语言表达能力的策略以外,针对学生文字能力的文字规范性和书写技能部分,无论是高师院校还是师范生个人仍然有很多地方值得去做,去努力。比如:面向师范生开设练字系列课程,继续抓好师范生"三笔字"工作,设置考核项目和评分标准,强化学生粉笔字、钢笔字和毛笔字的书写能力;注重师范生课堂教学板书能力的培养,使学生掌握板书的技巧,在教育实习中重点考查板书能力,提升教学效果;充分发挥学生组织在学生群体中的领导力量,组织书法技能大赛、板书大赛等活动,激发学生刻苦练习文字能力的热情。

第二节　师范生教育实践能力提升的途径

地方高校担负着教育和培养师范生的任务。就目前情况来看,一些师范生不同程度地存在着不擅长教学,甚至不能从事教学的情况。因此,笔者认为,地方师范高校应该着力于师范生的培养,把师范生的教学能力培养作为重中之重。

一、小学教育专业师范生教学能力不足的主要表现

(一)板书不规范

在教学过程中,板书不规范这一问题往往被忽视,但实际上,规范的板书

对于学生的学习和理解具有重要意义。优秀的板书应该清晰、有条理、易于理解，能够帮助学生快速掌握课程内容。相反，不规范的板书往往会导致学生难以理解课程内容，降低学习效率。

为了让板书更加规范，教师可以从以下几个方面进行改进：首先，教师应该在课前做好充分的准备，认真研究教材，明确教学目标，以便在板书中体现出来。其次，教师应该注重板书的条理性和逻辑性，将知识点按照一定的顺序和层次进行排列，使学生能够更容易地理解和记忆。此外，教师还可以使用图表、图像等辅助手段，使板书更加生动形象，便于学生理解。板书是教师的脸，反映出教师的教学水平和态度。规范的板书能让学生在第一时间把握课程的核心内容，提高学习效率。

（二）教学内容处理分析能力不强

在教学过程中，教师需要具备强大的内容处理和分析能力，以便更好地传授知识和激发学生的学习兴趣。然而，有些教师在处理教学内容时，往往表现出分析能力不足的问题。这可能导致教学效果不佳，甚至误导学生。为了提高教学质量，需要关注教师的教学内容处理分析能力，并通过以下方法加以提高：教师应该不断充实自己的知识储备，关注学科领域的最新动态。这样，在讲解教学内容时，教师能够准确地把握知识的重点和难点，为学生提供更有深度和广度的教学。教师应该学会运用多种教学方法，以适应不同学生的学习需求。在教学过程中，教师不仅要传授知识，还要引导学生形成独立思考的能力，培养他们敢于质疑、勇于创新的精神。提高教学内容处理分析能力是提高教学质量的关键。只有不断提升自己的专业素养，关注学生的需求，灵活运用教学方法，才能真正做到因材施教，培养出更多优秀的人才。

（三）课程组织与管理能力弱

在课程组织与管理方面，许多教育工作者和学校管理者往往面临着诸多挑战。为了提高课程质量和教学效果，我们需要关注以下几个方面：首先，要明确课程目标和培养目标，确保课程设置与学生的实际需求相匹配；其次，要合理安排课程进度，避免过快或过慢的教学节奏，使学生能够充分理解和掌握知识;再次,要注重教师队伍建设,提高教师的教育教学能力,以确保课程质量;最后,要积极开展课外活动,拓展学生的综合素质,培养学生的兴趣和创新精神。课程组织与管理是提高教育质量的关键环节,我们必须重视并不断改进。课程设置要与学生的实际需求相匹配,才能真正实现教育的目标。合理的课程进度是提高教学效果的重要保障,我们需要不断调整和优化。课程质量的直接保障,我们要不断提高教师的教育教学能力。课外活动是培养学生综合素质的重要途径,我们应该积极开展各类活动。

(四)备课说课不熟练

在教学过程中,备课和说课是教师展示自己教育理念和教学技能的重要环节。然而,很多教师在备课和说课方面并不熟练,这可能会影响到课堂教学的效果和教师的专业发展。为了提高教师的备课和说课能力,可以从以下几个方面入手:(1)教师需要深入了解课程标准和教学目标。只有明确了教学目标,才能更好地进行备课和说课。例如,新课程标准强调培养学生的创新能力和实践能力,因此在备课和说课中,教师应该注重培养学生的实践能力和创新意识。(2)教师应该注重教学内容的整合。教学内容是备课的基础,只有将教学内容整合好,才能让学生更好地掌握知识。例如,在地理课中,教师可以将自然地理、人文地理、区域地理等内容进行整合,让学生在学习过程中形成一个完整的地理知识体系。(3)教师应该注重教学方法的创新。教学方法是提高教学效果的关键,只有不断创新教学方法,才能让学生更愿意参与到课堂中来。

(五)运用教学策略不灵活

在教育过程中,教师运用教学策略的灵活性对于学生的学习效果和成长具有重要影响。然而,有些教师在教学过程中并没有充分展示出这种灵活性,导致学生的学习效果受到限制。为了提高教学质量,教师需要不断学习和实践,灵活运用各种教学策略,以满足不同学生的学习需求。为了提高教学策略的灵活性,教师需要不断学习新的教育理念和方法,关注学生的个性差异和学习需求,努力实现因材施教。同时,教师还需要善于倾听学生的意见和建议,与他们保持良好的沟通和互动,共同促进学生的成长。教师在教学过程中应充分发挥教学策略的灵活性,以满足不同学生的学习需求,促进他们的全面发展。只有这样,我们才能培养出更多优秀的人才,为社会的发展做出贡献。

二、校内提升小学教育专业师范生实践能力的途径

(一)科学开设课程,增加教学技能课程

师范类学生毕业以后主要是从事教学工作,既要有专业知识,更要有传授知识的综合能力。为了加大教学能力的培养力度,应对课程进行优化调整,适当增加教学技能类课程。根据教学工作的要求,小学教育类学生主要的教学能力及对应的技能课程有:培养书写能力的"书法课"以训练钢笔字和粉笔字书写;培养课堂语言和普通话水平的"教师口语课";制作简笔画和剪纸等美工作品的"美术课";具备一定演唱能力和鉴赏水平的"音乐课";能利用计算机制作多媒体课件的"现代教育技能课";能根据小学主要课程进行备课、说课、讲课、评课训练的"课程教法课"等。这些课程都应该作为技能必修课,不仅要开设一定的课时,还要严抓实践训练。目前师范教育开设的理论课程大多是对权威的教育理论进行了解和应用,而对于实践教学中出现的教学困惑,由于大学教师没有中小学教育教学实践,与中小学教师不经常接触,并不了解中小学生的学习困境和内心的需求。针对这种情况,可以开设教学一线教学专题,如小学生的学习兴趣培养,小学语文、数学课程改革趋势等。这类课程不需要固定上课时间,可以以讲座形式开展,时间灵活些,如利用晚上、周末都可以。可以由相关专家或小学教育教学工作成绩突出的教师担任主讲。

(二)创新课程教学模式

师范教育的很多专业课和专业基础课都采用理论课的形式,容易使学生产生厌烦心理,而且掌握的知识都是理论性的,在实践上无法灵活运用。为了培养复合型、应用型的人才,需要对师范教育专业课和基础课教学模式进行改革,增加或加大实践课程的数量,让学生有更多的机会应用知识,提高知识应用能力。要修改理论课程的教学大纲,课程安排中要体现"理论+实践"的教

学模式。各门课程根据自身特点和需要,安排不同课时和不同形式的教学实践活动。教师教育专业课程要适当缩短学时,如教育学和心理学由每周开设3节缩短为2节,要配合实践能力培养计划,设置6个课时开展技能训练,在课堂上安排学生依据所学教学理论和方法开展教学训练。一些基本素养课程也要缩短学时,如大学语文由两年缩短为一年,思政课程由原来的每周3节理论改成"2+1"的模式,即2节理论加上1节实践,给予学生更多参与社会实践调查的机会。师范类学生都要学习学科教学法,原来都是由大学教师任教。教学法的相关理论由大学教师上是可以的,但课程全部由大学教师上就不合适了。因为绝大多数大学教师毕竟没有中小学工作经历,普遍不了解教学实际要求,不清楚学生的学习困境,不熟悉学生的心理需求。即便是原来在中小学工作过的教师,时隔多年后,也不能准确把握学生的时代气息,不了解最新的教改动态。所以,有必要聘请在一线工作的中小学教师以实践课形式进行学科教学法教学。一线教师可以向学生讲授如何开展教学工作,可以展示他们的教学设计、课堂教学过程和教学反馈等。一线优秀教师加盟教师队伍,不仅可以使学生学习到优秀教师的实践教学经验,而且可以把最新的学情和学生的身心发展特点告知大学生,使他们走上实践岗位后能够参照一线教师的教育教学方式方法开展教学工作。

(三)加强教学技能训练

举行教学技能大赛为师范教育专业的学生搭建展示教学技能的平台,能进一步激发他们参与教学技能训练的积极性,既可以展示他们平时技能训练的成果,也可以促进同学之间的相互学习。为了让教学技能大赛充分调动学生参与技能训练的积极性,赛事要精心组织,赛前要进行广泛的宣传动员。可设置多个单项比赛,如写字、绘画、舞蹈、讲故事、多媒体课件制作等,也可设置一些综合比赛项目,如微课教学等。可适当增加获奖的人数,让更多有一技之长的学生有出彩的机会。在赛前,可以组织相关有技能专长的教师和学生进行技能实践指导,营造浓厚的学习技能的氛围,并借此提高大多数学生的教学技能。

（四）组织学生参加技能考证工作

小学教育专业学生将来要从事的是教育教学工作,不仅要学好学科知识,还要具备过硬的教学能力,更要懂得学生的心理。因此,一名合格的中小学教师不仅要有毕业证书、教师资格证书,还要考取必要的技能证书。小学教育专业学生毕业后要从事教书育人工作,在教学中要始终贯穿德育,对学生开展心理健康教育,呵护学生健康成长。因此,拥有心理咨询师资格证书非常必要。为了能让更多的同学考取心理咨询师证书,学到心理咨询的技能,学校可以和相关咨询机构合作,共同培养合格的心理咨询师。学生通过培训后,不仅熟悉咨询的理论知识,还将掌握咨询诊断的技能,有利于日后在教育教学工作中更好地开展心理健康教育和辅导工作。

（五）加强微课训练

学生要进行实践教学训练,一般采用微课教学的方式。但在许多地方学院微课教学教室没有装备,或者微课教室装备数量不多,不能满足教学训练的需要。为了能让更多的学生进行微课教学训练,可以利用学生现有的手机、数码相机等电子设备。学生在教师的指导下,以某项教学技能训练为主题,如教学方法、导入技能、提问技能、板书技能等,把学生分成小组进行训练。在训练过程中,小组成员可从几个不同角度把学生微课训练的过程拍摄下来,每次进行 15 分钟左右的教学训练。这样学生可以利用视频回放进行分析,提出优缺点,下次再进行训练时,可以对照前后情况,分析取得的进步,提出还需改进的地方。

三、校外提升小学教育专业师范生教学能力的途径

（一）到中小学校见习

许多师范类学生在学习期间没有参加教学见习环节,有的学校培养计划中也没有这一要求。学生只有通过教学见习,才能现场感受课堂教学的过程,真实体验学生的课堂反馈,学习到教师的教学经验。教学见习的组织可以与

聘请一线教师到大学任教的措施统一起来,适当与中小学校开展合作,让学生到合作学校参加教学见习和组织现场观摩教学活动等,为日后自己进行课堂教学做好准备。

(二)发挥双导师作用做好实习锻炼

学生到学校进行教学实践是在大四的实习期间,一般有 2 个月左右的教学实习。这时要充分发挥双导师尤其是校外导师的作用来指导学生进行教学实践。为了能利用好宝贵的教学实习时间,达到更好的教学训练效果,学生要争取在一周内就能完成班级管理和教学交接工作,在校内实习教师的指导下,分别和指导自己的小学科任教师,即校外导师进行交流,熟悉原科任教师的教学进度、教学总体安排等,了解学生的学习基础。课前要主动向校外导师请教如何开展教学工作,把自己的教学设计和授课教案交给校外导师审阅,授课时要邀请校外导师观摩,课外要虚心向校外导师请教。

第六章 师范生培养模式创新研究

第一节 PDCA 循环培养模式研究

一、PDCA 循环培养模式的计划阶段

(一)明确发展定位,坚守师范教育传统

师范性是最能体现高师院校与其他院校之间区别的特征,同时也是高师院校所具有的本质属性,是其存在价值的最好体现。地方高师院校发展定位的偏差导致师范性的不断弱化,这种舍本逐末的做法使地方高师院校在与其他类型高校日益激烈的竞争中处于劣势地位。所以,构建地方高师院校卓越教师 PDCA 循环培养模式的第一步就是在计划阶段要明确发展定位,依据符合学校发展需求的理念,制定出具有自身特色的卓越教师培养目标。法国巴黎高师的校长加布里埃尔·鲁杰特曾指出巴黎高师成功的秘诀就在于"具有创造性"。

正在开展得如火如荼的"双一流"建设,同样是在引导高校重新审视自己的优势特色,走特色发展之路,最后达到提升质量的目的。一方面,地方高师院校相较于其他类型高校具有其独特的人才培养取向,所以应该更加精准地把握社会对人才的需求,明确自身发展定位。另一方面,地方高师院校在不断的发展过程中,积累了丰富的教师教育资源,这类资源在办学过程中必不可少,所以地方高师院校应该坚守师范教育的传统,把师范类专业做精、做强、做优,打造精品师范教育。

(二)协调资源配置,建立大学捐赠基金

资金是保证一切工作顺利开展的物质基础,但是由于历史传统等原因,地

方高师院校的办学经费来源渠道单一,主要依靠政府拨款和学生学费维持日常运营,所以无论是学校建设、教师发展还是人才培养都处于心有余而力不足的层面。基于此,地方高师院校更应该使有限的资源发挥最大化的功效。合理配置资源的同时建立经费保障机制,确保教师教育经费投入的稳定性和充足性,加大教师教育专项投入,推进教师教育持续健康发展,推进免费教师教育政策的实施,鼓励更多的优秀青年投身教育事业。除此之外,仅仅依靠外部资源维系大学的发展并非长久之计,地方高师院校要充分调动社会资源、寻求资源渠道的多元化来增加自身收入,进而保证大学发展的自主性。也就是说,地方高师院校应该加强自身造血功能,减少对政府拨款的依赖。如,建立大学捐赠基金会,校友基金会等,致力于将一成不变的"死水"变成源源不断的"活水",以解发展之困。

二、PDCA 循环培养模式的执行阶段

计划执行不力是地方高师院校卓越教师培养过程中存在的最主要问题。所以,强化执行力度,以确保师范生的培养质量是重构 PDCA 循环培养模式的重中之重。

(一)完善教师教育课程

1. 优化课程设置

第一,地方高师院校的课程设置要注重综合性。重视通识课程的设置,拓宽专业口径,打破学科界限,注重交叉学科、文理学科的渗透以及多学科的融合,为未来教师的专业发展奠定广博深厚的文化基础。

第二,地方高师院校的课程设置要注重实践性。研究表明,教师的教育教学能力只有在教育实践中才能得到锻炼和提高,没有教师专业实践以及对专业实践的反思就没有教师的成长。地方高师应该充分发挥与基础教育联系密切的优势,加强实践性课程的配置,交织培养教师的实践教学技能。

第三,地方高师院校的课程设置要注重可持续性。尽量做到从学生"学"的角度进行课程设置,除此之外,课程要有助于教师现在和未来专业性的发展,要符合时代需求和中小学教学实际,课程设置要注重使师范生具有终身学

习的能力、注重培养他们独立获取所需知识的能力。

2. 调整课程结构

第一,适当增加通识课程比例,提高师范生的综合素养。教师不仅承担教书任务,更承担着育人的功能,所以要拓宽师范生视野,加强综合性知识的学习,注重人文素养和职业素养的提升,为未来的教师奠定坚实的文化基础。

第二,适当增加实践课程和技能课程的比例,提升师范生的职业技能。在地方高师院校中,经费匮乏、实习基地短缺、师资力量有限等原因导致实践课和技能课缺失成为不争的事实,这有可能导致师范生无法成为一名合格的教师。所以要通过增加实践课和技能课来提升师范生的教师职业技能,培养其教育教学能力。

第三,适当增加教师教育类课程,突出强调师范性。通过增设教育研究方法、教学测量与评价、现代教育技术、学习与教学策略、综合活动课程设计与教学等课程来适当压缩学科专业课程比例,突破过去老三门的现象,使教育类课程成为师范专业真正意义上的专业课。在教育学中增加与各地基础教育新课改相关的理论、思想及观念,为师范生未来走向工作岗位打下基础。

3. 更新课程内容

在科学技术迅速发展、信息爆炸式增长的时代,知识陈旧周期缩短,这对地方高师院校提出了新的要求。要不断适应社会和时代的发展需求,正确处理新旧知识的关系,随时删去那些陈旧过时的具体事实和旧的范式,整合或者压缩传统课程内容中繁杂冗长的部分。在选取新的课程内容时,要从教学需求出发,及时吸收各门学科新的研究成果,反映科学技术的重大进步与成就,反映社会热点和国家的基本国策,使课程体现时代的特点。值得注意的是,首先,"新"代表更新后的内容要能够反映学科发展总趋势,而不能一味追求过去教材中没有的内容。其次要从实际出发,不能一味追求最新的前沿知识而忽略我国教育发展水平的实际。这样才能使未来教师跟上时代的步伐。

(二)加强科研训练

重视科学研究已经成为现代大学的基本特性。坚持教学和科研相结合确立了现代化大学人才培养和科学研究的两大功能。本科生做研究,重点并不完全在于结果,而是在于他们研究的过程和解决问题的过程所赋予他们的经历和能力。科研训练是培养学生具备创新能力以及实践意识的重要途径,同时也为促进学科发展提供了生力军。一名合格的教师,不仅具备教育教学能力,还要具有一定的科学研究能力,要能够以科学理论为基础。以科学方法为手段,对学校各项教育教学改革进行探索和研究,这就要求地方高师院校对师范生进行必要的科研能力训练:

第一,学校可以通过邀请相关领域专家以讲座、实践、展示成果汇报的形式向学生介绍本领域的最新研究动向以激发学生兴趣。

第二,学校应开设相关课程,有计划地向学生传授文献检索方法、综述的写作方法、科学论文的撰写要求等以培养学生的科研能力。

第三,学校应该为学生提供施展拳脚的机会,定期设立学生研究课题,指导并鼓励学生申报科研项目,或者让学生有机会参与到教师所承担的课题、项目中,接受系统且专业的科研训练。

(三)重视实践教学

高素质、高质量的应用型教师要依托于全面且系统的实践教学培训。就高师院校的师范生而言,作为一名即将走上教师岗位的"准教师",实践教学的意义在于在帮助他们获得实践性知识的基础上,把知识与教学情境相结合,提升他们课堂教学的实践能力,即解决教学中疑难问题的能力。当前,应加大计划执行力度,实施阶梯性的实践教学。

(四)提高教师专业化水平

1. 师资队伍的建设

第一,为解决教师资源分散难以形成合力等问题,促进教师教育人才培养的理论与实践有机结合。地方高师范院校很有必要面向中小学选聘高水平一线教师,承担教师教育实践性课程的教学任务,以提升师范生的实践教学能力。

第二,制定鼓励高校与中小学教研机构、企事业单位和教育行政部门积极探索"协同教研""双向互聘""岗位互换"等教师发展的政策,建立相应的保障和激励新机制,形成教师教育师资队伍开放的共同体。

第三,在大力加强自身教师教育师资队伍建设的同时,面向国内外高水平大学聘请专家学者,参与教师教育理论课程教学工作;尤其是应大力邀请国外相关领域的专家学者到校进行学术交流。开展学术讲座等,提高国际合作与交流的层次和质量的同时为师范生开阔视野、接触国际最新研究动态创造机会,以弥补地方高师院校的师范生很少参与国际交流的遗憾。

第四,奖励在学术研究上有突出成绩的学科专业课教师,开设学科教师教育类课程为卓越教师培养提供良好的师资保险。

2. 教师自身发展

新的时代赋予教师新的需求。一成不变、墨守成规的教师既无法满足时代的需求也无法满足学生的需求,所以提升教师队伍的整体质量要从教师自身发展入手。

第一,要不断提升自己的师德修养。教师是德、才、识、能的综合体,作为教师,要不断自觉地完善自己的师德修养,严于律己,正己育人,以高尚的道德情操,高度的育人责任感,高超的教学艺术,把爱岗敬业与实现人生价值和谐地统一起来,实现教书育人、为人师表的神圣职责。

第二,发展自己的教育教学业务素质。现代社会知识更新速度快,这要求新时代的教师应该树立终身学习的理念,不断进行新的学习和探索,拓宽专业视野,夯实专业基础,积极关注学科的研究成果,根据教师专业化发展的需要调整并完善自己的知识结构和能力结构,做一名不断提升自身素质的学习型教师。

第三,培养自己的创新能力和实践能力。在知识经济时代,学生是否具有创新精神和创新能力,是素质教育的评价标准之一。这就要求教师在日常教学中积极研究和不断改进教学策略;学习并掌握前沿教育技术,提高课堂教学效率和质量;拓宽课程视野、指导学生开展相关学科的研究性学习和综合性学习;为学生提供说的机会和实践操作的机会,培养学生的发散性思维和创造性思维,并不断激发学生的潜能。

三、PDCA 循环培养模式的检查阶段

（一）让学生评教贯穿学期始终

评教形式单一固化、评教内容不够科学、评教时间滞后等问题的存在导致学生评教流于形式。而致力于革新评教理念、更新评教内容、创新评教形式，建设贯穿学期始终的学生评教制度使学生评教结果更加真实客观。

第一，更新学生评教理念，将传统的期末评教转变为过程性评价，让评教贯穿学期始终。

第二，逐步由强制性评教改为自愿性评教。尝试更新题目设置。由封闭式题目更改为开放式题目，让学生的反馈更具价值，同时增强评教结果的客观性。

第三，不断进行新的探索，尝试改进工作方法，利用新兴社交平台或媒介提高学生参与度。推出相应激励机制以提高学生反馈的含金量。

第四，不断改革创新评教系统平台，使其更具吸引力和多元化功能。

（二）开展过程评价，探索多元评价形式

第一，地方高师院校应将终结性评价转变为过程性评价，以目标与过程并重为价值取向。既支持从外部对学习成果进行量化，同时倡导更加重视"质量"。主张内外结合的、开放的评价方式；主张凡是具有教育价值的结果，都应当受到评价的支持与肯定；主张评价过程与教学过程的交叉和融合，评价主体与客体的互动和整合；主张对学习的动机态度、过程和效果进行三位一体的评价。通过师生间的"民主参与、协商和交往"的过程共同判断这种渗透于学习过程中的成果价值。将评价"嵌入"教学过程中，贯穿教学过程的始终，肯定成绩，找出问题；促进学生对学习的过程进行积极的反思，从而更好地把握学习方式方法，实现终身的可持续发展。

第二，不断探索新型评价方式，开展多元评价。地方高师院校不必局限于传统的纸笔测试，而是可以根据课程属性及特点探索新型的评价方式。例如，在教法课的课程考核时，可以要求学生自行设计一节课进行讲授，并由在座的

同学综合打分;在艺体修养公选课的考核中,可以通过提交拍摄的与课程相关的视频、录制的短片或者自行制作的慕课等完成考核;还可以进行个人陈述,即每个学生都在课堂上向老师及其他学生陈述自己的研究成果或者学习所得,并回答大家提出的问题;成立小组进行专题汇报、在组间互相交流各自的观点,或开展无领导小组讨论,最后轮流进行成果展示;或者自己出题自己回答。

四、PDCA 循环培养模式的处理阶段

控制论的创始人诺伯特·维纳曾说:有效的行为必须通过某种反馈过程来取得信息,从而了解目的是否已经达到。在地方高师院校中,教师,学生,管理人员,教学内容,课程设置,师生的学习、生活、工作状况是一个紧密联系的整体,而从中起到调节作用的正是信息的传递和处理系统。为了使卓越教师的培养过程顺利运转并呈现上升的态势,建立信息反馈系统是必不可少的。及时反馈日常教学活动中的运行状况,随时进行控制和调节,才能一方面保证教学活动的平稳进行,不断提高教学质量,另一方面切实为师生解决各种实际问题。

第一,设置学校信息管理机构。学校应设置一个统管全局的信息管理机构(信息反馈中心)全面负责全校信息的收集、整理、核实,并将反馈信息及时反馈到有关院系及部门。定期发布整改信息,及时了解整改落实及效果,形成全校上下齐抓共管的局面。

第二,完善学生信息联络员制度。设立学生信息联络员,想人之所想,急人之所急,专门负责师生反馈信息的上传和下达,尽量减少中间环节。

第三,拓展师生信息的收集和处理方式。尽量用新型传播媒介,如建立微信公众号,开通微博及时获取新鲜资讯和一手资料。

第四,建立信息反馈系统的公告平台。尽快建立校园网信息反馈中心,有效反映信息处理动态,阶段性地进行整改措施汇总,开设疑难解答专栏,发布相关文件及通知,通报存在的问题等。如此一来可以形成收集信息、处理问题、反馈结果的动态信息反馈系统,有利于卓越教师培养过程顺利过渡到下一循环。

第二节 "U-G-S"协同培养模式研究

一、"U-G-S"协同培养模式

"U-G-S"协同培养模式是国外教师教育中普遍适用的创新模式,该模式也符合新形势下中国教师教育事业的发展需要。在传统的教师培养模式下,大学、地方政府和各中小学三方各司其职,联系甚少。这种培养模式有悖于"责任共担、资源共享、各方获益"的发展原则。

"U-G-S"协同培养模式,从字面意思上看,协同是指协调两个或两个以上的不同资源或者个体,协同细致地完成某目标的过程或能力,更加强调合作双方或多方协作基础上的协调,需要协同各方做出同步努力和付出。"U-G-S"协同培养模式是在2014年8月中华人民共和国教育部发布的《关于实施卓越教师培养计划的意见》中首次提出和使用的,是指高校与地方政府、中小学三方在教师教育领域的联合,在遵循一定规则的基础上,将政府的经济优势和制度优势、高校的资源优势和专业优势以及中小学的实践场所等优势联结到一起,形成教师培养共同体,共同致力于教师教育质量的提高、促进教师教育改革的开展。本书探讨的"U-G-S"协同培养模式,正是借助三方协同机制,在卓越教师的职前培养、入职教育与职后培训的多方面进行分工协作,根本目的是高校与地方政府、中小学共同参与卓越教师培养培训,提高卓越教师培养质量,打造适应基础教育发展的卓越教师队伍。U-G-S协同培养模式有助于加快教师职前培养与职后培训的一体化建设。

二、"U-G-S"协同培养模式的内容

"U-G-S"协同培养模式应遵循"权责明晰、优势互补、合作共赢"的原则,在招生选拔、课程设置、教育实习、师资队伍、教学研究以及培养质量评价等卓越教师培养环节发挥好协同作用。

(一)创立全方位协同培养目标体系

目标体系需要高校与地方政府、中小学针对本地区教育实际状况与实际

需求协商制定。其根本目标是培养推动基础教育教学发展进步的卓越教师。高校在地方政府的全面深度合作下,以建设教育现代化示范区的需求为导向,旨在为区域发展"定制"一批基础厚重、素养优秀、能力突出、潜力巨大的能适应和引领中小学教育教学改革创新的卓越中小学教师。通过各学校进一步的实践磨炼和锻造,培养能够成为各学科带头人、特级教师和人民教育家的后备人才。进而,期望能够在全国形成人才培养示范效应,有力推动对免费师范生培养的权限"下放"和定制式教师培养模式改革。

"U–G–S"协同培养模式培养出来的卓越教师应具备的具体规格有:

(1)教育理念先进。培养出来的卓越教师要能够紧密把握教育改革的前沿问题和发展趋势,并有将先进的教育理念、方法与自身教学结合起来的信心、勇气和能力。

(2)专业认同度高。培养出来的卓越教师要对教师职业有深入的理解和认同,并形成终身服务国家基础教育的理想和信念;要做到爱岗敬业、爱生乐教。

(3)专业知识结构科学。培养出来的卓越教师要形成科学合理的学科专业基础知识结构,对学科自身体系有着科学的认知和理解;要对学科专业的逻辑体系、发展史有着深刻认知。

(4)人文、科学教养高。培养出的语文、外语等人文学科教师要有良好的人文、科学教养;而数学、物理、化学等学科教师必须具有的通识人文知识的储备。

(5)教学适应能力强。培养出来的教师对教育教学活动有基本的体验和感悟能力,掌握扎实的教学技能,适应教学实际状况。

(6)教育反思能力强,培养出来的教师不仅要养成发现问题、提出问题、分析问题、解决问题的能力,还要具备开展研究性教学、进行教学反思的能力。

(7)心理素质优秀。具有良好的教育心理素养。心理健康,积极乐观,善于自我管理。在教育活动中,具备以"爱"对待教育和教育对象的素质与能力。

(二)改革招生环节,促进优质生源报考

1. 改革招生方式

学校的招生标准要严谨,客观地提高招收学生的道德素质和专业素质,使

大学的招收理念完成从多到优的转换。

不将考试成绩作为唯一的参考标准,逐步推行普通高校基于统一高考和高中学业水平考试成绩的多元录取机制来综合评定学生。中华人民共和国教育部与各高校在卓越教师候选人确定时不仅要考虑到学生的学识能力和知识基础,还要重视对学生的生理健康、心理素质、兴趣爱好等方面的考核,将笔试和面试有效地结合起来选拔适合从教的学生。

此外,要采取吸引、鼓励、补偿和推荐相结合的方式。鼓励立志从教的优秀学生报考,给予学习成绩优异、德智体等方面全面发展的学生免试入学的机会;对报考的学生可通过发放补贴、减免学费、增加奖学金等形式进行补偿。鼓励教师教育类专业按专业招生、按大类教学,采取"分段培养,二次选拔"的培养模式,打通教师教育类和非教师教育类相近专业间的培养通道,对有志从教者由学校进行选拔。

2. 根据市场需求对规模进行适当调整

为建立高质量的卓越教师队伍,需要培养优秀的卓越教师候选人,生源的选择是关键环节。由地方政府根据本地教师队伍建设的实际需求,确定定向培养计划,以满足教师岗位更新,避免因教师岗位有限、教师教育专业学生数量众多造成的就业率下降;或因数量不足,使教师岗位得不到填充。因此,要有计划有针对性地招生,以各省为单位,市县合作,预计指定时期内教师岗位的缺额,依此确定招生数量,同时,根据学历层次提升的趋势加快五年制高师与部分专科学校向本科层次转变的步伐,提高本校的办学层次和学生规格以吸引优秀学生报考。除此之外,应保留教师教育专业的特色,在保持师范性的同时加强学术性,使师范性与学术性并重。

(三)推动教育教学改革创新,科学化设置课程体系

1. 对教师教育课程结构进行系统化调试

为满足卓越教师所必备的知识群,需要构建"教育理论素养+学科专业体系+教育实践能力+人文素养+科学素养"五位一体、互通互联的课程体系。卓越教师的培养具有渐进性,要从整体层面系统化、科学化地对卓越教师培养的课程加以设计,要分阶段、层次化、模块化地安排教师教育课程,并兼顾各种课

程类型的比例。按照教师教育对基础教育的"适应、引领、推动"的理念,在综合素养取向、专业取向和实践取向整合的要求下,依托综合性大学学科门类齐全的优势,通过领域通识课程提升学生综合素质;实施实体学院主导的专业教育课程创新,帮助卓越教师建构起完整的学科知识体系;构建教育学基础和学科教育基础+教育实践与技能的教师教育课程模式,帮助学生掌握先进教育理念和形成终身发展的能力;构建由基础教育改革、教师发展和校本研修三个模块组成的教育拓展类课程,帮助学生熟悉教育教学改革实践;教育实践与技能类课程采取"案例学习""场景迁移"和"任务驱动"的教学模式,突显"真实模拟"的特征。

2. 对教师教育课程内容进行改革

围绕教育教学综合素养的提升,紧密结合教育教学实践发展趋势和要求,突出实践导向,全面推进教师教育课程改革,打造"品牌"特色的模块化、多选择性教师教育课程体系,突显"自主、合作、探究"的色彩,全力提升卓越教师的学习能力实践能力和创新能力。高校应将卓越教师的课程内容最大限度地与基础教育相衔接,即在全程化教育实践中,使卓越教师有更多机会通过与学生的直接交往和交流感知学生身心发展规律以及学习特点。此外,在实际的教学过程中,对教师教育的内容要更加符合学校教育的具体实际,提高教师教育课程的基础性、针对性和适用性。同时我们需要对教育事业饱含热情,真正对教师职业充满激情与热爱、减少入职后的心理落差乃至不适应感和倦怠感。教师教育课程的开设有利于了解真实的教师职业,产生乐教的意愿。

3. 对教师教育课程进行多元化评价

高校与地方政府、学校三方协同建立规范化的课段指标体系和评价指标体系不仅要保证评价标准制定的科学性和可操作性,更要确保实践成效。以卓越教师对教师教育课程及教育实践的感知与体验应成为评价教师教育课程开展情况的重要依据,即形成一种"基于真实情境中的表现性评价"。对于卓越教师的评价内容和方式也更加趋于全面化、多样化,从单纯的量化评价转向注重成长性、过程性的质性评价。成立专门的、有效的第三方委员会对高校教师教育课程进行全方位考核。除了对课程本身存在的问题进行评价外,也对卓越教师候选人和教师教育者的表现给出评价,根据表现在培养过程中实行

"过程淘汰"制度。此外,政府或者高校对于教师教育者的考核更倾向于教师的教学质量、课堂氛围、教学任务安排方面,鼓励一部分教学型教师发展,减轻科研压力。聘请骨干教师到高校中对卓越教师课程开展情况进行评价,这能够直接推动高校卓越教师教育课程与基础教育教学内容和教学方式的衔接。

4. 构建立体多维的实践模式

提升卓越教师的实践技能不仅在于"技"和"能",更在于卓越教师对实践的深刻理解和感悟。通过立体多维的实践模式运作,大力改变现有的将教育技能与"技术"简单等同的状况,将教育技能与教育生命建立紧密联系。赋予教育技能"生命色彩"。首先,应积极探索全程化教育实习模式。全程化教育实习模式是指贯穿卓越教师整个学习生涯的实习模式,将以往集中实习模式改为分散实习,促进教育实践社会化和常态化。高校逐步实施"学期实践+月度实践"结合的方式,以主题和项目的方式,将实践教学贯穿培养全过程。其次,要建立地方政府、高校、教师专业发展学校、中小学"四位一体"的教育实习联盟。地方政府为卓越教师教育实习提供政策保障和资金支持,既要制定完善的教育实习制度,调动共同体的积极性,又要设立专门部门对教育实习情况进行实时监督;高校作为卓越教师培养的载体,主动构建基于"卓越学院+教师专业发展学校+中小学"的立体多维的实践模式,通过建立教育实践基地群,以顶岗实习和离岗进修的形式实现分工协作和资源互动,在帮助学生掌握教育理论、提升专业智慧的同时,提升实践基地学校教师的师德素养和业务水平。立体多维的实践模式运作,将技能素养的提升作为战略目标来设计和落实,大力改善现有"蜻蜓点水"式教育实践的不足,为卓越教师奠定坚实的教育技能素养基础。

(四)对师资队伍体系进行整合优化

1. 以"教师教育深度合作联盟"为平台建立教师教育师资队伍共同体

以"教师教育深度合作联盟"为平台,深入挖掘省级教师培训基地的资源内涵,将"教师教育深度合作联盟"真正提升到战略地位,形成更加科学的"U-G-S"协同机制。"教师教育深度合作联盟"也为高校教师深入基础教育实践、体会基础教育需求提供了途径,通过"接地气",教师在教师教育课程改革、教师教育课程实施、教师教育研究等方面得到整体提升,打造一支优良的卓越教师培养队伍,切实提高卓越教师培养的质量。此外,学校将建立分管校长领导和市教育局领导、省教育厅专家组成的"教师教育深度合作联盟"联席会议制度,负责总体方案的设计、资源管理以及相关重大决策,为教师教育共同体的运作提供顶层设计的便利。同时,将形成定期的工作报告制度,以督促专兼职教师真正"深度"合作,确保在卓越教师的培养上目标一致、行动协调、合作有序、效能明显。

2."Ⅰ+Ⅰ+Ⅰ"组合下的复合导师制度

高校为了进一步提高导师的工作效能,可以建立并实施长期聘用+兼职作为的模式,通过对原有导师组制度进行优化升级,创建更加科学有效的复合导师制度,由于教师教育的发展受到了"协同"的影响,在新制度下,可以将其作用和地位进一步突显出来。为了真正让导师动起来,高校能以"人才培养的阶段性评估+导师评估+系统公示"为抓手,并积极落实三个"Ⅰ"模式,即"教育理论导师+教育实践导师+教育研究导师",从而把复合导师制度的效能显著提高。高校的教育理论专家只是教育理论导师的一部分,并不是全部,它包括很多一线的特级教师或重量级专家等,这些人有着丰富的教学经验和高层次的教学能力,可以让教育理论更加贴合实际教学工作。层级制将成为建设教育实践导师团队主要遵守的制度,让高校慢慢形成一个包括成熟型教师和专家型教师,并分层次的辅导团队。指导学生的基本技能及其发展过程是成熟型教师的主要任务,这样能有效降低学生对未来学习的恐惧感,有助于后续的学习和发展。专家型教师在此基础上,给予表现优越教师更深入的指导和教导,让他们进一步认识并理解教育生活、教师责任以及教育使命,为他们的学习增添新动力。高校可以通过组建教育研究导师团队进一步促进其发展,这样不仅有助于学生正确认识教育研究的重要性,还有助于学生熟悉整个研究过程,提高自身的研究素养。

3. 以分类运作、项目运作的方式推动专兼职导师的深度合作

不同的学科专业有着不一样的学习重点和难点,所以构建三方协同机制时必须进行综合考虑,并从分类运作、项目运作进行全方位研究。高校为了实现学科教学的对接,可以建立一个"分学科的教育类研究+中小学学科年级组

+高校师范专业(分学科)"模式。这种培养模式属于联合培养,不仅有助于卓越教师充实自身理论知识,还有助于建立更完善的知识结构,明显提升自身的综合素质,这就是分类运作的主要内容。学科之间的合作既能带给高校明确课程方面的积极影响,还对卓越教师的培养方案和课程结构有持续优化的作用。项目运作主要是通过教师结对提高自身的能力和素质,结对的教师可以共同研究一些创新科研项目,在过程中对学生进行针对性更强的指导,从而提升其能力和素质。为了增加专兼职导师在分工协作过程中的沟通交流,建立良好的互动,高校应定期开展"圆桌会议",会议将围绕培养卓越教师遇到的问题展开讨论,这样除了能形成有效互动外,还能促进培养卓越教师工作的开展和落实,尽快实现培养目标。"圆桌会议"上有专门负责记录内容的工作人员,会议记录有利于检查后期工作的落实情况,及时发现新的问题,并在实时交互平台上协商解决,工作效率会有明显提升。教师、专家、研究人员等都可以在平台上进行交流和沟通,专兼职专家相互学习指导,既能提高自身的能力和素质,还能增强卓越教师培养工作的实效性和针对性。

(五)积极开展教学研究

教师专业发展最关键的内容是科学研究,因此教师教育科研能力的提升是一个很重要的问题,对此,"U-G-S"的协同关系能发挥较大的积极影响。

1. 以高校为依托的职前阶段教学研究

中小学阶段没有良好的教育研究资源,因此中小学教师的科研能力很难依靠自身得到显著提升,而高校则拥有比较多的研究资源和课题,所以中小学可以和高校进行合作,由专家教师指导中小学教师,有效提升中小学教师的教育科研能力,促进教育科研的发展。

高校可以建立一个教学科研团队,该团队不仅包括专业教师,还包括卓越教师,真正走入中小学,并积极调研这个阶段遇到的教育难题以及当前的实际状况,继而确定与中小学教育实际需求更加接近的研究课题,研究全过程都有中小学教师的参与,让他们在实践中掌握教育科研方法,提升教育科研能力。高校还可以定期开展学术研究讨论、课题交流以及相关的比赛,不仅能充实学生的专业理论知识,还能提升学生的眼界,了解最新的研究课题和未来研究方向。

2. 在职阶段多方面促进的教学研究

学历提升和校本研修是教学研究实施最常使用的方法。学校经常借助校本研修对教师进行业务上的培训,既可以科学有效地增强教师的业务能力和专业素质,还可以促进学校和教师的完善。对于中小学的教学研究,政府不仅要积极参与、重点关注,还要在给予指导和建议的同时,监督整个教学研究过程,积极考察最终的教学研究成果,防止有人浑水摸鱼,浪费时间、人力和物力。政府的积极参与可以极大增强中小学开展校本研修活动的信心,并为其保驾护航,确保活动的顺利有序实施。此外,政府可以为中小学提供一定的科研经费,避免因资金问题放弃教学研究,同时邀请一线教师或教学经验丰富的高校教授定期到中小学开展座谈会,面对面指导中小学教师的教学研究,这样不仅能提高他们科研能力,还能推动教学研究的相关进度,缩短研究所需时间。

三、"U-G-S"协同培养模式的完善策略

(一)推动"U-G-S"协同培养模式的法制化建设进程

卓越教师的培养质量除了受各个中小学、高校以及地方政府的影响,还会受到国家法律法规的影响。只有国家制定有利于培养卓越教师的有关法律法规,并严格执行,才能为卓越教师的质量提供强有力的保障,从而促进卓越教师的发展和落实。很多发达国家在培养卓越教师方面,具有较高的参考意义和借鉴价值,这些国家在特殊时期实施了一系列特定政策和法律,通过深入分析其优点和缺点,参考我国的基本国情,继而制定出有利于"U-G-S"协同培养模式的法律法规。各个中小学和高校在规划学校的未来发展时,要严格落实"U-G-S"协同制度,大幅度提高卓越教师的质量和能力;地方政府在计划该地区的发展规划时,必须考虑到"U-G-S"协同制度,通过贯彻落实该制度,促进其法制化建设进程。

(二)以理论研究引领实践探索

"U-G-S"协同培养模式主要取决于我国教师教育体制的特殊性,所以我

国的基本国情是该模式探究的基础,只有这样才能得到真正有指引作用的相关理论体系,继而建设出切实可行的"U-G-S"协同培养模式。该模式的发展方向可以从不同角度进行研究,比如协同三方主体的持续性和对等性、模式的培养目标等,增强有关理论体系的支持。通过反复实验和多次讨论,拓宽理论研究的视野,既充实卓越教师职前培养的理论知识,还为职后培训提供强大的理论支撑,通过科学的理论体系,有效提升卓越教师的培养质量。国内在探索"U-G-S"协同的理论体系时,不仅可以从国外先进教育理论中选择适合国情的知识,不断进行创新改进,提高理论和现实的匹配度,还可以强化教育理论和其他学科之间的联系,比如教育组织学、教育社会学以及教育心理学等,推动理论研究朝着多元化方向发展。

(三)以激励机制建设提高自主参与意识

卓越教师培养的主体包括地方政府、高校和中小学,这些主体应该清楚自身承担的责任和义务,为我国教育质量做出努力和贡献。关于落实"U-G-S"协同,政府应该积极响应并做出实际行动,从战略层面确定其各个方面的工作,这是因为政府决策很可能会影响高校和中小学未来的工作方向,社会各界对此的关注程度也会大幅度提高。政府在三方协同中有较高的引导作用,有利于强化三者间的合作交流,提升卓越教师的培养效率和质量。高校和中小学应主动参与卓越教师的培养,并在实施过程中积极提出建议,各个学校都需要持续增强协同意识和内驱力,在完成本职工作的基础上,和其他学校开展合作,互帮互助,共同发展。另外,无论是地方政府,还是高校和中小学,都应该改变对卓越教师培养的认知,对其重新树立系统观和整体观的同时,明确其重点落在协同上,确定好三方主体地位的同时,明确三方权责,不仅完全展现出各自优势,还有利于提高卓越教师的培养质量。地方政府、高校和中小学之间应该建立一个平等交流的平台,就卓越教师的培养工作进行实时交流,从而增强三方协同力量,促进协同伙伴关系的建立。

地方政府、高校和中小学在进行"U-G-S"协同工作时,一定要秉持着认真参与、严格执行的态度,而不是为了应付上级敷衍了事。立足于清晰的三方权责,建立健全"三位一体"协同的运行模式,同时创建一个相应的保障体系和激励制度,确保"U-G-S"协同顺利实施,从而为卓越教师的培养质量和效率提供保障。地方政府的教育行政部门必须根据当地教育的现实状况和真正需求,出台和实际更加契合的教育政策和方针,不仅能为"U-G-S"协同的落实起到指引作用,还能进一步提高卓越教师的培养质量。

（四）加快各类标准制定进程

任何一种产品质量都有相应的标准,如果标准模糊不清,那该产品质量得不到有效保障。这一点同样适用于卓越教师的培养工作,但标准明确不代表所有的卓越教师都一模一样。"U-G-S"协同培养模式涉及入职前、入职以及入职后三个阶段,为了确保每个阶段都有利于实现最终的培养目标,必须每个阶段制定一个相对统一的卓越教师培养标准,尽可能确保三阶段一体化,这三类标准下还有更加具体的标准,涉及方方面面,比如评估标准、教学质量标准、培养机构标准、课程标准以及生源质量标准等。除此之外,地方政府、高校和中小学之间的协同标准也需要尽快确定,避免将纯粹的合作当作协同的全部内容,造成对协同的片面理解。协同标准不仅有利于明确规定协同过程中的效果、内容以及表现等,还能监督约束三方在协同中的行为,为"U-G-S"协同培养模式的有序实施提供保障。在卓越教师培养的过程中,人们都下意识忽略了指导教师的标准问题,卓越教师的质量会直接受到教师教育者的影响,如果教师教育者有高水平的素质和能力,那卓越教师的质量会有明显提高,反之会快速下降。因此需要一个标准,防止影响卓越教师的培养质量。

第三节 全程化实践培养模式研究

一、全程化实践培养模式的内涵

（一）全程化的定义

本书认为,全程化主要体现在以下几个方面:从时间的角度来看,是为师范生提供大学四年的教育实践培训;从空间的角度来看,为学生提供教育实践环境;从人员的角度来看,实现全员参与;从资源的角度来看,促进资源集成化,为卓越教师的培养提供充足的教育资源;从内容的角度来看,根据学生各个阶段的发展特征,提供多层次、不间断的教育实践培训;从课程体系的角度来看,为学生提供能够提高自身素质的课程结构。简单来说,全程化就是在培养卓越教师时,贯穿时间、空间、内容等方面的内容,从而促进卓越教师的培养。

(二)卓越教师全程化实践培养模式

在培养卓越教师的过程中,应积极总结在教育实践中出现的问题,通过详细分析,可以发现,传统教师的实践时间较短,因此对中小学校的运行机制不够了解,此外,对学生的具体学习过程也无法进行深入的了解。单一的教育实践,不利于培养学生的教学知识技能。卓越教师全程化实践培养模式,是在教育活动的实践过程中,以传统的教师教育实践模式为基础,通过概括和归纳等方式,对传统模式的继承和发展。

二、全程化实践培养模式的特点

(一)在时间上的全程化

在培养卓越教师的时间安排上,传统的教育实践培养缺乏系统性,即教育实践通常集中出现,在时间安排上较为靠后,学生的教育实践时间也比较短。卓越教师全程化实践培养模式的首要特征就是时间全程化。该模式通常使用循序渐进的方式,在举办实践活动时,比如参观中小学校、进行上岗实践等,为师范生创造了众多发展的优良环境,使师范生对教师职业形成正确的认知,从而提高师范生的教学技能。当师范生完成教育时,应确保其具有基本的教育教学能力,具有进行教学活动的资格,所以,当师范生走出校门,迈入社会,进入工作岗位,在工作环境中就不会产生心理压力和焦虑感,其自信心也会促使他们快速适应教师职业生活。在卓越教师全程化实践培养模式中,安排学生的学习过程,应将教育的实践目的融入该模式中,深入师范生各阶段的学习过程,从而提高师范生的适应能力。

（二）在参与上的全员化

在培养卓越教师的设计理念上，提倡全员参与，实现设计理念的参与全员化。所谓的参与全员化，就是在培养卓越教师的过程中，所有与培养卓越教师相关的人员，都参与到设计培养卓越教师理念的过程中。在参与人员上，涉及范围较广，不仅包括院校内部的所有师生和管理人员，还包括一些与院校具有密切联系的中小学校教师和相关的管理人员。高师院校的任课教师与中小学校的指导教师共同承担对师范生的指导工作，有利于使师范生充分明确自身的发展状况，形成正确的自我认知，有利于促进师范生的发展，提高其专业技能。此外，在职教师参与到此过程中，有利于提高其职业素养，促进其教育品格的发展，还能使高师院校教师对基础教育的实际情况和发展动向形成充分的了解。院校中的管理人员参与其中，是培养卓越教师的制度和后勤保障。

（三）在空间上的一体化

在空间上，建立高师院校和中小学校的密切合作关系，促进空间一体化。卓越教师全程化实践培养模式以加强教育实践为核心，而实现高师院校的教育实践应建立校内外的统一，比如，应对教师职业的特殊性和课程实践等进行充分的了解，在此基础上进行教育实践。但由于"实战环境"的缺乏，师范生出现不适应的问题。而中小学校可以有效弥补这一缺陷，为师范生提供良好的实践环境，使师范生可以学以致用、丰富经验。自师范生入学开始，卓越教师全程化实践培养模式就开展了教师职业教育活动，通过这种活动，潜移默化地培养学生关于教师文化的养成，然后通过参观中小学校活动，逐渐向开展课程实践和上岗实践等活动过渡。对于师范生来说，高师院校的课程实践和中小学校的上岗实践都对提高专业能力具有重要作用，有利于完善自身的综合素质。

（四）在资源上的集成化

通过采取教师全程化实践培养模式，可以有效地整合各种资源，从而达到最佳的效果。首先，高师院校和中小学校可以共享人力资源，师范生的教育实践指导教师可以来自两个不同的领域,以便更好地发挥他们的潜能;其次,这种模式还可以将教学设施、图书馆、信息资源等多种资源有机地结合,使它们可以彼此开放、共同利用,从而达到更好的效果;最后,这种模式还可以有效地提升师范生的综合素质,使他们更好地完成他们的职业发展目标。

(五)在形式上的多样化

传统的教育方法只能在师范生毕业之前提供一定的帮助,但全程化实践培养模式,却能够在师范生入学的第一天就为他们提供丰富的教育体验,包括文化素养的培养、基础技能的训练、了解中小学的环境、参加课外活动、参加教育见习、进行教学实践和上岗实践,并且能够将校内外的导师的指导与自身的能力相结合,以更加完善的方式提供帮助,提高师范生的能力和素质。

三、全程化实践培养模式的构建

(一)全程化实践培养模式的培养目标

人才就是具有一技之长的人。在《中国大百科全书》中,将人才定义为有才能和学识的人,通常把德才兼备或具有一技之长的人称为人才。而教师是一种专业技术人才,需进行专业的技术培养,这就需要制定具有可行性的人才培养目标。合格的专业技术人才需要进行系统化的专业训练,并具备专业技能。对于全程化实践培养模式而言,通常情况下以培养具备充分专业技能的专业技术人才为培养目标,以对师范生大学四年的系统化培训为手段,从而培养出卓越教师。具体来说,培养的卓越教师人才可以从德智体等三方面分析,从德的角度来看,应具有良好的职业道德修养及人文素质;从智的角度来看,应具备基本的教学技能、教育教学理念及自主学习能力;从体的角度来看,应具有较强的身体素质,身体健康。

(二)全程化实践培养模式的实践课程体系及时间安排

教学活动的实践性非常强,一名优秀的教师,他除了有扎实的理论基础,还要有良好的语言表达能力、动手实践能力,因此师范生的培养必须注重实践教学。学校应该为师范生提供较多的实践类课程,让师范生有积累教学经验的机会、展现自我的舞台,师范生只有通过不断地实践,才能正确意识到教师背负的职责和使命,才能慢慢具备一名优秀教师必需的技能,才能在毕业之后尽快适应工作岗位。因此不少职业院校开始实施全程化实践培养模式。它的教育理念是系统化、全程化,它的实践课程体系具有阶段性、层次性,师范生可以逐步掌握必要的知识和技能。

1. 全程化实践培养模式课程的内容

专业情意培养:让师范生了解不同教育阶段的工作内容和培养目标;让师范生养成良好的教师职业行为;让师范生树立正确的职业价值取向;让师范生养成良好的职业意识,比如教书育人、为人师表、恪尽职守、热爱工作和学生等。

教育教学能力培养:师范生可以定期开展模拟课堂教学活动,在实践中提高自身教学能力;职业院校可以邀请优秀教师到校指导,或者到课堂观摩评价,帮助师范生掌握教师必备的技能。

班主任工作实践培养:可以组织师范生跟随班主任学习,在实践中了解并掌握班主任工作的责任、方法、原则以及必备素质。

教育科学研究实践培养:师范生经过长期的实践,可以慢慢独立思考,具有发现、分析以及解决问题的能力,还可以独立完成教育科学类的论文,提出有价值的观点和措施。

2. 全程化实践培养模式的主要实践环节

全程化实践培养模式大致包含了以下四个关键环节:

(1)教师文化的养成环节

站在师范生的角度来分析,由一开始的师范教育,就可以参透教师文化的意义所在,形成教师职业意识,会让教师自身专业性更强,将来的发展之路也更加顺畅。如果让师范生具备教师师德、文化,那么就要在师范生刚入学的时候就对其进行教师职业意识形成方面的教育,让其能够对教师职业的特点掌握得更加精准,使自己成为一名教师的志向更加坚定。

每位师范生应当对自身所从事的职业的文化特点有足够的认识,还要做好将来从事教师这一职业的心理预设,需要在进行师范教育的过程中,不断进行自我提升,丰富自己的力量知识。

在这一过程中,师范生能够利用以下几种方式来锻炼自己作为一名教师所必需的教师文化素养:①学习典型案例,通过对身边真实案例的分析和研究,组织讲座来学习优秀师长的方法,使师范生能够从中有所收获,学习到优秀的精神品格,领略到优秀师长在教师这一职业中所表现出的优秀品质,在日积月累的学习中不断磨炼自身在教育教学、为人师表、教书育人方面的意志,使师范生能够在教师对教育的态度、表现以及付出中生成关于教师的独特的职业素养。②教师的言传身教,师范生在上课时每天都会和教师在教室内进行互动,通过对眼前教师言行举止的学习,师范生在自己未来的教学道路上能够始终坚持对自己职业的热爱,对自己学生的包容和关爱。③自我教育,师范生通过查阅古今中外的文学典籍,学习教育名家的教育理念与教学经验,学习他们对于教育事业的价值观点以及相应的教学行为,学习他们的对待教育、思考教育事业的方式方法,学习他们将思考变为实际的行为,认真思考这些专家学者对待教育的态度,然后总结出适用于自己的,并逐渐在日常生活中将其付诸实践。在进行教育教学的过程中,结合具体的内容和环节培育师范生的职业道德素养以及教师的专业品质。④设置各种不同的科目课程来不断提升师范生的职业道德以及教师素养,比如思想品德修养课、教育学基础课等。⑤开展各种各样的教育教学活动,比如一些极具教育意义的支教、志愿者或者文化艺术方面的活动等,给师范生带来表现自身的舞台,让众多的师范生能够在活动中提升对教育事业的兴趣,在内心深处将教育事业看作一项非常有意义的工作。关于师范生在教师文化方面的培养,并不是一朝一夕就能实现,这是一个周期较长的工作任务,当下人们关注度最高的就是师范生入职之前教师文化养成的程度,可是教师文化的养成并非只存在于大学时期,教师文化的养成过程始终处于一个动态变化中,而且会存在于教师整个职业生涯当中。

(2)教育见习环节

教育见习对于师范生有着重要意义,让师范生现场观摩中小学教学现场,体验现场教学活动,通过教育见习能够加深师范生的认知,对中小学教育教学活动有一个新的认识,而且为师范生将来从事教师职业奠定良好的基础。在这个过程中,着重于强调师范生对于教师职业的看法与态度,以及师范生通过体验与观摩所积累的经验与总结。

在教育见习环节中,师范生主要是通过两个方面来获得教育教学的直接经验或者是间接经验,一个是参观,另一个则是参与,参与、参观是教育见习最重要的两部分。参观是师范生对于教学活动认识的第一步,也是最重要的一步,通过参观,师范生可以深入地了解教师这个职业,近距离地观察教师的教学活动、教学风格、教学流程、教学内容等,领悟教师的重要性,感悟教师所要具备的品质与能力。通过参观,师范生能够深入地理解中小学的教育理念,理解教育教学活动对于学生的影响。参与能够让师范生对教师这个职业有一个更深的认知,对整个教育教学活动有一个全面的认识与了解。师范生应当辅助教师,积极地参与到班级组织的各种活动中,参与到班级各种事务处理中,有助于拉近学生与师范生的距离,使师范生与学生之间的关系进一步加深,这样师范生就可以近距离地接触学生,了解学生的学习生活以及学生的性格爱好、日常习惯、学习能力,与学生进行友好沟通。通过与学生交流互动可以使师范生积累更多有用经验,师范生可以把教育见习当成一个很好的契机,把自身体验感受通过书面形式写下来,并把整个参与过程中所发现的问题以及感兴趣的问题记录下来,从中研究分析并总结,从而培养自身发现问题、解决问题的能力。

教育见习环节一般在师范生的大二阶段进行,目的是让师范生能够置身于学校现场,亲身体验中小学教育教学活动,认真观摩整个教学过程,结合自身已掌握的理论知识,为从事教育实践奠定一定的基础。师范生通过教育见习,能够清晰地了解整个教学过程、教学内容与教学方法等,了解学生的学习方法、人际交往、心理变化等,帮助师范生把在课堂上所掌握的理论知识通过教育见习加以验证,从而巩固自身专业特长。

(3)课程实践环节

当前,国外很多国家不仅重视师范生的理论知识,还比较重视师范生的实践,甚至把教育见习与教师培养课程相结合,实现理论与实践的真正统一,帮助师范生从静态模仿转化为动态验证。国外教师实践培养方式给我国带来了十分重要的启示,很大程度上改革了我国教师课程实践,在课程实践中,突出师范生的主体地位,让师范生通过课堂学习掌握教师"教"的技能。

培养高质量教师是高师院校的教育目标,达到高质量要求取决于师范生理论知识的掌握程度以及实践的过程。传统的教师教育课程都是教师在课堂上讲,师范生在下面听,被动地学习,这个过程中,缺乏一定的互动性与趣味性,师范生会感觉学习过程枯燥乏味,没有较强的吸引力,从而使师范生逐渐失去学习的兴趣与动力,这在很大程度上不利于教师教育教学目标。最主要的原因是教育者没有充分认识到课程实践的重要性,没有把实践知识与经验充分运用到课堂教学上,无法调动学生的积极性,无法把师范生所掌握的理论知识上升到一定的高度,更无法使师范生通过课堂来提升自身的教学能力。由此可见,课程实践尤为重要,需改革当前教育者的教学方式,把现阶段中小学教育教学实践作为教学资源,成为教师教育课程实践,着重于强调师范生的主体性,从而激发师范生的积极性与求知欲望。

帮助师范生获得实践方面的知识与技能最有效的方式就是改变教学方式,教育者可以通过案例教学来激发师范生的积极性与求知欲望,列举一些教学案例组织师范生进行探讨分析,运用自身已掌握的心理学与教育学知识对案例进行深入分析,开动脑筋分析案例中不足的地方以及可以学习的地方,不足的地方又如何改进,共同探讨更好的教育教学方法。

教育见习是进行课程实践的基础,因为通过教育见习,师范生对中小学有了更深的认识,积累了一定的经验,为课程实践奠定了一定的基础。课程实践的目的是让师范生获得更多教师实践经验,培养其未来成为一名合格的教师,一名高素养的教师,使他们能够完全胜任教师这份职业,能够高质量地完成教育教学工作。

(4)专业实践环节

专业实践是指师范生在中小学教学现场,通过自身所掌握的理论知识运用到真实的教学情境中,进行实际操作,从而提升自身理论知识经验与技能,类似于实习的经历。教师教育者组织师范生到中小学亲身体验教师工作,让师范生融入教师角色中,亲身体验教师生活,组织整个教学过程,给师范生提供了一个很好的平台,一个自我价值实现的平台。在这个平台中,师范生可以充分发挥自己的所学,把自身所掌握的知识与技能融入教学实践活动中,是一个自我锻炼的最佳机会,既能巩固自身理论知识,又能提升教育实践能力为未来从事教育职业奠定良好的基础。专业实践是培养师范生教育教学实践能力的唯一路径,也是提升师范生教育教学能力的前提条件,更是培养高质量教师的关键,能够有效检验师范生理论知识掌握程度与技能。它的目的是强化师范生未来教师的使命感,使师范生对教师这个职业产生极强的荣誉感与敬业精神,秉承忠诚的职业态度。师范生将通过中小学实践而获得的实际知识与经验运用到实际教学活动中,有助于提升自身教学实践能力,为未来从事教师职业打下坚实基础。

这个环节中,课堂教学实践质量是能够反映师范生的专业技能、体现师范生的知识储备能力、检验师范生能否胜任教师工作的重要依据。课堂教学实践主要包含三个部分,分别是备课、上课、评课。这三个部分是课堂教学实践的重要环节。其中备课的内容比较多,不仅需要依据教学大纲及教材,还要依据学生的实际情况编写教案,最重要的是,要选择趣味性强的教学方式,从而能够激发学生的积极性。上课是课堂教学实践的核心部分,也是尤为重要的环节。这个环节中,师范生运用之前备好的教案开展教学活动,整个课堂活动要生动有趣,教学内容符合学生特点,教学方法要科学,教学目标要明确,在整个课堂教学活动中,为了活跃课堂气氛,师范生要积极地与学生互动或者是向学生提问题,针对学生回答的问题,无论对错,都要积极地鼓励学生,切勿打击学生的积极性,对于学生提出的问题,要及时解答,从而能够拉近学生与师范生之间的关系。评课是一种点评过程,是为了发现自身课堂教学实践不足的地方,能够激励自身不断改正自己的缺点与不足,不仅能够提升自身专业技能,还能够在一定程度上增强自身教学实践能力。因此,首先要邀请自己的老师到教学现场听课,针对自己整场课程进行点评,然后虚心听取他们的点评与意见,针对教学过程不足的地方要及时改正。这种亲身体验方式能够增强师范生的实践能力,还能够增强他们未来教师职业适应能力,最重要的是,通过这次课堂教学实践,能够巩固师范生的专业教育思想,使他们能够热爱教师这个职业。师范生可以利用课外时间组织各种丰富多彩的活动,不仅能够拉近与学生之间的关系,还能够通过活动,更加了解学生的特点与爱好。

专业实践能够考察师范生各方面的能力,检验师范生的知识储备能力与教师专业技能。专业实践是需要建立在教育见习与课程实践之上的,因为教育见习与课程实践是专业实践的基础,只有奠基好了基础,才有利于专业实践的培养,经过教育见习、课程时间、专业实践这三个环节,师范生形成了良好的教师职业素养与专业能力,能够更好地适应教师这个职业,能够独立地站在讲台上面对学生,能够更好地适应教育教学活动,为未来从事教师职业而奠定良好的基础。专业实践是为了检验师范生的理论知识与专业技能运用能力,给师范生提供一个自我展现的平台,切实地展现师范生的综合素质与技能,从而提升师范生的实践能力与教师职业素养。

3. 全程化实践培养模式的时间安排

高质量教师代表着师范生在整个高师院校教育生活的全过程,首先教师文化养成是师范生未来从事教师职业所要必备的前提条件之一,对于师范生教师文化养成的培养从师范生入校的第一年就开始了,每一周开展的教师文化讲座与教师主题活动,都是对师范生教师职业素养的培养;第二年就开始了教育见习,教育见习不仅仅是在大二阶段,它贯穿师范生大学二到四年级,在师范生大学二到四年级中,不定时地开展,与师范生理论知识学习交叉进行;课程实践于师范生大学二年级开始,主要目的是实现教师教育者教学方式与教师教育课程实践的改革;专业实践主要在师范生大学四年级进行,整个专业实践阶段为期 18 周。整个教师实践模式从四个方面进行,这四个方面分别是教师文化的养成、教育见习、课程实践、专业实践。这四个方面是需要按照先后顺序、依次推进的,而且这四个方面紧密相关、互不分离,只有循序渐进地进行,才有利于培养未来高质量教师。每个方面所强调的重点不同,但皆旨在把师范生培养成一名合格的教师,一名专业技能过硬、各方面都很优秀的教师。

(三)全程化实践培养模式的质量保障

全程化实践培养模式离不开以下这四个方面的保障,一个是稳固的教育实践基地,另一个是大中小学教师的有效指导,还有就是师范生自身的实践意识,最为重要的是多方面的评价。

1. 稳固的教育实践基地

全程化实践培养模式顺利开展的前提条件是要有稳固的教育实践基地,这也是全程化实践培养模式不可或缺的前提。这就要求高师院校要充分借助当地政府力量,寻求经费的支持,投入到教育实践基地建设中。在这过程中,还要积极地与中小学相互合作,力求与地方政府以及中小学校共同建立教育实践基地,还要三方共同管理教育实践基地,不但强化各自的责任,还能够在一定程度上实现双赢。

2. 大中小学教师的有效指导

全程化实践培养模式顺利开展的关键还在于大中小学教师的有效指导。大中小学教师的指导对于师范生思考能力养成与实践性知识的积累这两方面有着重要帮助。为了实现大中小学教师对师范生课程实践实施时的有效指导,应着重给予大中小学指导教师相应的报酬,还有就是,选拔出一批优秀的大中小学指导教师,并实行培训制度,这有利于强化指导教师的使命感与责任感。

3. 师范生自身的实践意识

全程化实践培养模式最核心的一部分是师范生自身的实践意识,师范生自身的实践意识能够充分体现全程化实践培养模式的价值。在实施全程化实践培养模式过程中,师范生要充分认识到教师职业的重要性,意识到未来成为教师的职责所在,更要明白教师面对的是学生,身为一名教师,要全身心地投入到教育教学事业中,要有足够的职业精神与专业能力。只有通过教育实践才能把自身所掌握的理论知识运用到教育实践过程中,需珍惜每一次的教育实践机会,并在每一次实践前都做好充足的准备,认真对待每一次教育实践机会。

4. 多方面的评价

全程化实践培养模式在评价上要采取多方面的评价方式,邀请多方参与到评价过程中。在教育实践过程中,有同班级的同学,也有传授自身理论知识的教师,可以让这些主体都参与到评价中,从这些评价中,发现自身的不足和需要改进的地方。吸取多方评价有利于促进师范生提升自身职业技能与实践能力。由于师范生的教育实践的过程不是一次、两次,因此,在评价过程中,应着重强调评价过程,有利于促进师范生全面发展。

参 考 文 献

[1]罗祖兵,邱丽.教育理论课教学中师范生教育实践素养培养的实证研究——基于"理论融实践"培养模式的探索[J].教师教育论坛,2023,36(1):27-33+51.

[2]肖子怡.基于 PBL 理论的师范生教育心理学素养培养模型及实践研究[J].快乐阅读,2023(3):108-110.

[3]陈述,姜蓉,周智华,等."三全育人"背景下高校化学师范生培养体系构建与实践[J].西部素质教育,2023,9(12):68-71.

[4]高春燕,李松蔓.新文科背景下中文师范生培养的理论内涵及实施途径[J].经济师,2023(1):177-179+181.

[5]耿红卫,梁梦晓,巴涵梦.专业认证背景下高校师范生实践创新能力的培养路径研究[J].信阳师范学院学报:哲学社会科学版,2023,43(2):89-92+97.

[6]戴亮.地方本科高校师范生教学实践能力培养策略探究[J].贵阳学院学报:社会科学版,2023,18(3):108-112.

[7]项伟,李伟健.卓越教师培养理论视域下的师范生培养现状与路径[J].中文科技期刊数据库(全文版)教育科学,2023(6):0135-0141.

[8]熊淳,吴婷婷,毛雯瑜.日本高校师范生教育实践能力培养探索[J].教师教育论坛,2023,36(1):92-97.

[9]刘灿群.小学教育师范生教学实践能力培养的行动研究——以 H 大学小学教育专业为例[J].当代教育理论与实践,2023,15(1):70-74.

[10]张晓华.西北联大师范生培养的思想实践及启示[J].教师,2023(4):117-119.

[11]邓菊香,黄德群.循证导向的师范生教育实践反思能力培养探究[J].韶关

学院学报,2023,44(5):49-53.

[12]王瑶,伍晓春."两层三步"战略提升公费师范生教学能力的培养实践——以四川师范大学化学专业为例[J].大学化学,2023,38(1):71-75.

[13]李燕芸,覃盛栋.免试认定教师资格背景下师范生培养质量保障体系优化研究与实践[J].中文科技期刊数据库(全文版)教育科学,2023(2):0137-0139.

[14]赵红新.师范类专业认证背景下师范生教学实践能力培养现状与提升策略研究[J].中文科技期刊数据库(全文版)教育科学,2023(3):0159-0162.

[15]钟柏昌,刘晓凡,陈岚鑫."新师范"背景下师范生跨学科创新能力培养的基本框架与实践案例[J].电化教育研究,2023,44(7):114-120+128.